슈퍼팬

SUPERFANS

비즈니스를 성장시키는 이 시대의 가장 큰 힘

슈퍼팬

팻 플린 지음 | 이영래 옮김

알에이치코리아

이 책을 나의 여정을 따르는 멋지고 놀라운 지원 부대,
팀 플린Team Flynn에게 바칩니다.
여러분은 제 일을 널리 자랑해 주고, 저를 악플러들로부터 보호해 주고,
지치지 않고 팀 플린의 깃발을 보란 듯이 흔들어 줍니다.

당신과 당신의 슈퍼팬들에게 건배!

진정한 슈퍼팬이 무엇인지를 세계에서 가장 잘 보여주는 나라는 어디일까요? 바로 한국입니다. 한국의 슈퍼팬들은 좋아해 마지않는 가수에게, 운동선수에게, 막 뜨고 있는 배우에게 단순한 팬이 아니라 엄청난 영향력을 지닌 집단입니다. 슈퍼팬은 그 자체로 하나의 동향이자 추세이며, 한국에서는 변화를 선도하는 사람, 세계적으로는 팬덤의 본보기입니다.

그런데 당신은 이 사실을 알고 있나요? 아이돌이나 운동선수, 영화배우가 되어야만 이런 팬을 얻을 수 있는 것은 아닙니다. 누구나 슈퍼팬을 가질 수 있습니다. 누구든 다른 사람에게 특별한 느낌을 선사하고, 사람들을 공통의 목표로 끌어들이는 무언가를 만들 수 있습니다.

이 책은 단순히 영감만 불어넣는 것이 아니라 슈퍼팬을 키워내는 방법과 체계를 보여줄 것입니다. 이 책에서 소개한 전략들은 모두 특별한 힘을 가지고 있습니다. 저는 여러분이 그 힘을 좋은 곳에 사용할 것이라고 믿습니다. 우리가 사는 이 세상에 더 많은 선善이 필요하다는 것을, 모두가 잘 알고 있으니까요. 우리 모두에게 기쁨을 가져다줄 가능성이 지금 당신 손에 달려 있습니다.

《슈퍼팬》을 선택해 주어 감사합니다.
재미있게 읽어주길 바랍니다.

2021년 3월,
팻 플린

무엇을 보게 될지 도무지 짐작이 가지 않았다. 솔직히 말하면 아내가 내게 과연 뭘 보여주려고 저러는지 조금 겁이 났다.

저녁을 먹으면서 고등학교 시절, 그러니까 우리가 결혼을 하고 아이를 갖기 훨씬 전의 이야기를 나누고 있었다. 종종 있는 일이었다. 우리는 같은 고등학교를 다녔고, 따라서 어울리는 친구 무리도 같다. 옛날로 돌아가서 우리가 얼마나 이상한 꼴로 엉뚱한 짓을 하고 다녔는지 이야기하는 일은 그래서 늘 즐거웠다.

우리는 당시 자주 먹던 음식에 대해 얘기했다. 인앤드아웃 버거In-N-Out Burger, 학교 카페테리아에서 팔던 고기와 치즈를 얹은 케이준프라이, 그리고 집에서 먹던 필리핀 음식도.

우리는 자주 보던 TV 프로그램에 관해서도 이야기했다. 〈베이사이드 얄개들*Saved by the Bell*〉, 〈애니매니악스*Animaniacs*〉, MTV의 〈토털 리퀘스트 라이브*Total Request Live*〉 등. 당연히 좋아하던 음악에 대한 이야기도 빠지지 않았다.

1990년대의 음악계는 정말 흥미진진했다. 너바나*Nirvana*가 꽃을 피웠고, 그린데이*Green Day*가 등장했다. 라디오에서는 브리트니 스피어스*Britney Spears*의 노래가 끊임없이 흘러나와 좋든 싫든 누구나 한 번쯤은 들을 수밖에 없었다. 나는 스누프 도그*Snoop Dogg*에서 블링크182*Blink 182*에 이르기까지 모든 종류의 음악을 좋아했다. 내가 가지고 있는 믹스테이프에는 그웬 스테파니*Gwen Stefani*, 서믹스어랏*Sir-Mix-a-Lot*, 인큐버스*Incubus*, 린킨파크*Linkin Park*의 노래가 한데 들어가 있을 정도였다.

하지만 에이프릴, 내 아내는 달랐다. 그녀의 인생에 의미가 있는 밴드는 단 하나, 백스트리트보이스*Backstreet Boys*(1996년 데뷔해 전 세계적으로 큰 인기를 모은 미국의 보이 밴드 – 옮긴이)뿐이었다.

에이프릴은 그들을⋯ '내 남자들'이라고 불렀다.

나는 그녀가 이 그룹을 사랑해 마지않는다는 것을 똑똑히 알고 있었다. 그녀는 그들의 모든 앨범을 갖고 있었고, 그들의 콘서트에 갔고, 학교에 가지고 다니던 바인더 표지엔 그들의 사진이 있었다. 하지만 그날 저녁에서야 나는 그녀가 갖고 있던 팬심이 어느 정도인지 제대로 알게 되었다. 저녁 식사를 마친 후 에이프릴은 내게 말했다. "당신에게 보여줘야 할 게 있어." 배우자와 백스트리트보이스에 대한 이야기를 나눈 후라면 듣고 싶지 않을 만한 대사였다. 그 말을 듣자마자 타투가 떠올랐다. 특정 근육을 움직이면 그 그룹 멤버들이 춤을 추는, 뭐 그런 타투 말이다. 다행히도 그건 아니었다.

에이프릴은 벽장에서 커다랗고 불투명한 플라스틱 상자를 꺼내 바닥에 내려놓았다. 꽤나 무거워 보였다. 그녀는 상자 뒤에 양반다리를 하고 앉더니 내게 이렇게 물었다. "정말 보고 싶은 거지?" 나는 마지못해 그렇다고 답했다. 그 상황에서 어떻게 아니라고 말한단 말인가?

그녀는 천천히 뚜껑을 열었다. 나를 똑바로 바라보는 밴드 멤버와 눈이 마주쳤다. 멤버 중에서도 금발에 푸른 눈을 가진 데다 키까지 큰 닉 카터^{Nick Carter}가 2001년 달력 표지에 있었다. 마치 나를 가리키며 "에이프릴, 다시 만나서 반가워. 나는 여전히 여기, 너의 곁에 있어. 그런데 이 녀석은 누구야?"라고 말하는 듯한, 못마땅한 표정이었다. 나는 검은 머리에 갈색 눈을 가졌고, 키도 작다. 닉 카터와는 정반대란 소리다.

그 달력 밑에는 콘서트 굿즈가 한 무더기 있었다. 그리고 나는 보았다. 세상에 존재하는지조차 몰랐던 것들을 말이다. 백스트리트보이스의 액션 피겨가 포장도 뜯지 않은 채로 보관되어 있었다. 다섯 개였다. 멤버 한 명에 하나씩. 이게 끝이 아니었다. 잡지, 뭐가 들었는지 모를 봉투들…. 결정타는 액자에 든 닉 카터의 사진이었다.

그 시간 이후로 나는 에이프릴이 백스트리트보이스의 단순한 팬이 아니었다는 것을 알게 되었다. 그녀는 백스트리트보이스의 슈퍼 팬이었다. 지금도 그녀는 백스트리트보이스의 슈퍼팬이다.

그때의 나는 깨닫지 못했다. 에이프릴이 그들에게 가진 초강력 팬 심과 그에 관한 사연은, 전 세계의 슈퍼팬들을 통해 수백만 달러 규 모의 사업을 구축할 방안을 배우는 데 꼭 필요한 것이었다. 다시 말 해, 나는 에이프릴이 슈퍼팬이 된 과정을 활용해 전 세계에 내 슈퍼 팬들을 만들었다.

나에게는 히트곡도, 플래티넘 앨범(100만 장이 팔린 앨범에 주는 이 름-옮긴이)도 없다. 내 모습을 본떠 만든 액션 피겨도, 내 사진으로 채워진 달력도 없다. 그렇지만 내게는 번창하는 사업이 있다. 이는 슈퍼팬들이 만들어 낸 결과물이다. 내가 어느 곳에 갈지 포스팅을 하면 장담컨대 나는 그곳에 가서 몇몇 슈퍼팬들과 만나 악수를 나 누게 될 것이다. 새 상품이 나올 것이라고 이야기하면 그것을 첫 번 째로 손에 넣으려는 슈퍼팬들의 대기자 명단이 생긴다. 때로 대기자 는 수천 명에 이른다. 악플러나 분위기를 흐리는 사람이 커뮤니티에 들어왔을 때 그들을 처리하는 것도 슈퍼팬들이다.

팬들은 중요하다. 그러나 슈퍼팬은 그 어떤 것보다 중요하다.

사람들은 저마다 좋아하는 것이 있다. 모든 사람은 어떤 것의 팬 이다. 하지만 슈퍼팬은 조금 다르다. 외부인에게 슈퍼팬의 행동은

터무니없게 보일 수도 있다. 좋아하는 가수를 한 번 보겠다고 300킬로미터를 달려간다. 좋아하는 영화와 관련된 것이라면 뭐든지 닥치는 대로 사들인다. 페이스북 그룹Facebook Group이나 레딧Reddit(글을 올리면 독자들이 '업, 다운'으로 평가할 수 있게 되어 있는 소셜 뉴스 사이트-옮긴이)의 토론에 적극적으로 참여해 다른 사람들의 주장에 맞서 팬들의 이론을 열성적으로 내세운다. 좋아하는 밴드의 기념품을 모아 벽장 안 상자에 10년 동안 보관하고 있다가 어느 날 미래의 배우자를 고문한다.

슈퍼팬인 사람은 팬덤의 대상을 널리 알리는 핵심 사절단이 되어 그 대상의 깃발을 높이 들고 자랑스럽게 흔든다. 친구와 가족 들에게 자신의 팬심에 관해 쉴 새 없이 이야기한다. 그들이 원하지 않더라도 말이다. 사진을 찍어서 바로 소셜미디어에 공유한다. 심지어 유튜브YouTube 채널이나 팟캐스트Podcast를 시작해서 다른 사람이 그 대상에 애정을 갖게끔 영향을 주기도 한다.

슈퍼팬은 자신이 사랑하는 것에 시간과 돈, 무엇보다도 감정을 투자한다. 응원하는 팀이 이기면 슈퍼팬은 자신이 이겼다고 느낀다. 팀의 패배는 그들에게 더없는 비극이다. 어느 쪽이 되었든 슈퍼팬은 눈물을 흘릴 확률이 높다. 슈퍼팬은 애정하는 존재에 관한 한 누구보다 중요한 이해당사자가 된다.

사람들은 보통 음악가나 영화배우, 운동선수 같은 사람이나 영화 시리즈, 스포츠팀과 같은 실체에만 슈퍼팬이 존재한다고 생각한다. 우리가 일반적으로 만나는 팬덤은 그런 종류이니까. 하지만 우리 주위의 눈에 띄지 않는, 아주 작은 세계에도 슈퍼팬들은 존재한다.

레고^{LEGO}를 예로 들어보자. 많은 사람이 레고를 좋아한다. 이 기업은 다양한 계층의 사람들로 이루어진 엄청난 수의 슈퍼팬 하위 집합들을 거느리고 있다. 어떤 상상에도 생명력을 불어넣는, 유행을 타지 않는 이 장난감은 성인 레고 팬^{AFOL, Adult Fans of LEGO}을 비롯한 헌신적인 팬 커뮤니티들을 회의와 콘퍼런스에 모여들게 만든다. 7장에서 이야기하겠지만, 사실 이 회사가 파산 직전에 부활할 수 있었던 것도 슈퍼팬들 덕분이다. 슈퍼팬들이 말 그대로 회사를 구한 것이다.

이번에는 캘리포니아에만 있는 패스트푸드점 인앤드아웃 버거를 생각해 보자. 이 회사는 꾸준히 맛있는 음식을 공급해(그리고 이 팬들을 인싸(행사나 모임에 적극적으로 참여하며 정보에 밝은 사람, 인사이더^{in-sider}를 줄여 부르는 말-옮긴이)로 느끼게 만들어 주는 "비밀 메뉴"로) 많은 사랑을 받아 팬덤이 생겼다. 이 회사는 직원들에게 시세보다 높은 임금을 주며, 창립자 가족이 여전히 회사를 소유하고, 프랜차이즈로의 사업 확장, 상장을 통한 브랜드 희석을 막아 대중의 감탄을 자아내고 있다.

비슷한 예로 할리 데이비슨^{Harley Davidson}도 있다. 이 오토바이 브랜드는 정통성, 자유, 자기표현이라는 회사의 메시지에 공감하는 대단한 광팬들을 거느리고 있는 것으로 유명하다. 이 회사는 할리 오너스 그룹^{HOG, Harley Owners Group}을 통해 전국에서 행사를 개최한다. 수천 명의 사람이 참가하는 이 행사에서 팬들은 아주 특별한 에너지를 받는다. 팬들은 셔츠, 모자, 재킷 등의 의류는 물론 타투까지 동원해 브랜드에 대한 충성심을 표현한다.

브랜드와 그를 따르는 추종자를 만들고 싶은가? 슈퍼팬은 당신과 사업의 성장을 계속 자극하며 활력을 불어넣는 기폭제가 될 것이다. 당신이 사업가이든, 화가이든, 음악가, 유튜버, 블로거, 팟캐스터 등 어느 유형의 창작자이든 그건 문제가 되지 않는다. 당신의 슈퍼팬은 그만이 가진 특별한 힘과 역량으로 당신의 여정을 지원한다. 그 힘과 역량이야말로 그들을 그냥 팬이 아닌 슈퍼팬으로 만드는 것이다. 비즈니스와 기술 환경이 어떻게 돌아가든 관계없이 당신에게 슈퍼팬이 있다면 성공이 보장된 브랜드, 탄탄대로가 펼쳐진 브랜드를 얻을 수 있다.

사업을 한다는 것은 전략에서 마케팅, 재무, 인사 채용 등 수많은 일에 관여한다는 것을 의미한다. 하지만 사업에서 무엇보다 중요한 일은 슈퍼팬을 만드는 경험에 집중하는 것이다. 슈퍼팬을 만드는 데 집중하는 것은 트래픽, 팔로워, 조회 수, 구독자를 늘리는 것보다 더 중요하다. 이메일 주소록을 만들고 신규 청중을 유입시키는 것보다도 더 중요하다. 왜일까?

슈퍼팬을 만드는 데 집중한다면 트래픽, 팔로우, 조회 수, 구독자는 그 일의 부산물로써 저절로 늘어날 것이다. 슈퍼팬을 만들면, 당신과 당신이 하는 일을 지지하겠다는 뚜렷한 목표 아래 강한 의지와 비상한 노력을 기울이는 무리를 거느리게 된다. 그들은 훨씬 적극적으로 참여하고, 훨씬 큰 기대를 가지며, 행동을 취할 가능성도 훨씬 높다. 당신의 상품을 구매할 가능성 역시 훨씬 높다.

슈퍼팬은 사업의 진정한 생명력이다. 불행히도, 대부분의 기업은 슈퍼팬을 만드는 일에 주의를 기울이지 않는다. 슈퍼팬 없이도 성공적인 기업을 구축할 수는 있다. 하지만 그런 경우라면 더 많은 사람이 찾아오도록 많은 돈과 시간을 써야 한다. 더구나 돈과 시간을 투자해도 그에 상응하는 보상을 얻는다는 보장이 없다. 또한 시시각각 변하는 알고리즘에, 수완이 뛰어난 경쟁자에게, 심지어는 해커에게 취약한 상태가 된다. 이들은 얼마든지 하룻밤 사이에 당신을 가루로 만들 수 있다. 나는 이런 일이 일어나는 것을 늘 지켜본다. 보기 좋은 광경은 아니다.

슈퍼팬을 만들면 그들은 어떤 일이 일어나건 당신 곁을 지킨다.

광고에 돈을 들이거나, 사람들에게 시간을 쏟거나, 최신 성장 비법이나 전략을 고민하는 대신, 청중이 가진 가장 큰 장애나 문제가 무엇인지, 어떻게 그 문제를 해결할지 고민하라. 청중 전환율conversion rate(제품 구매, 회원 등록, 뉴스레터 가입, 소프트웨어 다운로드 등 웹사이트 방문자가 웹사이트의 의도대로 행동을 취하는 비율-옮긴이)을 최적화할 방안을 찾는 대신, 진정성 있게 청중에게 다가가 그들이 특별한 대우를 받는다고 느끼게 할 방안을 찾아라.

오해는 사양한다. 트래픽을 올리고 청중 전환율을 개선하는 일이 중요치 않다는 이야기가 아니다. 하지만 당신이 청중에게 제공할 경험에 슈퍼팬의 탄생을 도울 마법이 녹아 있지 않다면, 아무리 많은 시간과 돈과 노력을 쏟아부어도 청중은 '특별한 대우'를 받고 있다거나 당신을 다시 찾고 싶다는 마음이 들지 않을 것이다. 특별한 대우를 받고 있다고 느끼게 해주지 않는 대상의 슈퍼팬이 되려는 사람은 없다.

슈퍼팬은 내가 팬덤 피라미드^{Pyramid of Fandom}라고 부르는 시스템의 가장 꼭대기에 존재한다. 그들은 청중에서 아주 작은 부분을 차지한다. 하지만 그들은 당신 브랜드의 가장 큰 촉매이며 사업의 심장이다.

이 책을 통해 비정기적 청중을 활발한 구독자로, 이후 커뮤니티의 구성원과 진정한 슈퍼팬으로 이끄는 전략을 탐구하다 보면 이 피라미드를 자주 만날 것이다.

에이프릴의 백스트리트보이스 팬심에 불이 붙은 것은 아픈 가슴을 달래려던 어느 날 밤이었을지 모르지만, 팬이 된 시점은 그 밤이 아니다. 그녀는 그 순간 한 곡의 노래 때문에 슈퍼팬이 된 것이 아니

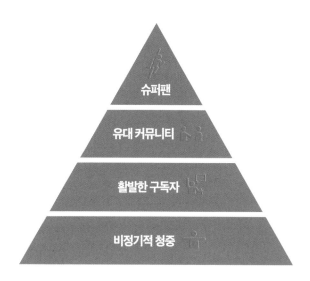

다. 그녀가 슈퍼팬이 된 것은 그 밴드의 노래를 듣고, 그들을 TV에서 보고, 친구들과 그들에 관한 이야기를 나누면서다. 즉 2001년 3월 달력에 자리 잡은 닉 카터의 관능적인 시선과 굽이치는 금발을 응시한 수없이 많은 순간 때문이다.

마찬가지로 당신의 슈퍼팬 역시 단 한 번의, 대단한 마법과도 같은 순간 때문에 당신에게 빠지게 되는 것이 아니다. 작은 마법의 순간이 모이고 쌓여왔기 때문이다.

지금 막 시작한 신출내기 유튜버든, 〈포천Fortune〉지 선정 500대 기업의 수장이든, 누구에게나 슈퍼팬은 필요하다. 당신의 슈퍼팬들은 어디에선가 당신과 유대 맺기를 기다리고 있다. 당신은 그들의 여정을 계획하고, 당신을 깊고 꾸준하게 좋아하게 해줄 길로 그들을 안내하면 된다.

이제 나의 첫 슈퍼팬에 대한 이야기를 해볼까 한다.

모든 장에는 청중에게 팬덤 피라미드를 계속해서 오를 동기를 부여하기 위해, 청중의 관심을 끌고 서로 소통하도록 돕는 활동들이 포함되어 있다. 이 책을 최대한 활용하려면 체계적인 방법으로 당신의 생각과 진전 상황을 기록하라.

필수는 아니지만 이 사이트를 방문해 내가 마련한 무료 슈퍼팬 동반자 코스를 이용해 볼 것을 적극 추천한다. 이를 통해 PDF 자료와 영상 등의 보충 자료를 얻을 수 있다. 책을 읽는 동안 이 페이지에서 필요한 것을 쉽게 찾을 수 있다.

다음의 링크를 방문해서 무료로 자료를 얻길 바란다. 거기에서 다시 만나기로 하자!

yoursuperfans.com/course

팟캐스트 치트 시트The Podcast Cheat Sheet

내 팟캐스트 〈스마트 패시브 인컴 팟캐스트Smart Passive Income Podcast〉, 이후 'SPI'는 다른 어떤 플랫폼보다 청중을 구축하고 슈퍼팬을 발전시키는 데 도움이 된다. 팟캐스팅을 시작하기 위해 필요한, 가장 명료한 안내서를 찾고 있는가? 내가 당신을 위해서 만들어 둔 자료가 있다.

내 팟캐스트 경험을 기반으로 삼아 수천 명의 사람에게 직접 자신의 팟캐스트를 만들게 도와준, 내 팟캐스트 치트 시트를 소개한다. 이는 팟캐스트를 시작하고 성공을 이루는 데 필요한 모든 것을 처음부터 끝까지 제공할 것이다.

아래의 주소를 따라 가서 무료로 팟캐스트 치트 시트를 이용하길 바란다.

smartpassiveincome.com/podcastercheatsheet

목차

1부   만나서 반갑습니다 ✦ 활발한 구독자

2부   함께하시겠습니까? ✦ 유대 커뮤니티

도입
단 한 명의 슈퍼팬

2008년은 내게 정말 정신없는 해였다. 2월에 나는 일하고 있던 건축사무소에서 팀장으로 승진했다. 또 난 엔싱크$^{N'Sync}$(미국의 R&B 그룹-옮긴이)의 팬이었는데도 3월에 경쟁 그룹의 슈퍼팬인 에이프릴(지금은 내 아내지만, 그때는 아니었다)에게 청혼을 했다. 삶을 변화시킨 중요한 순간들이었다. 하지만 삶의 방향을 바꾼 가장 중요한 순간은 몇 개월 뒤인 6월 17일에 찾아왔다. 사장이 나를 사무실로 부르더니 해고 통보를 해온 것이다.

당시 미국 경제는 엉망이었다. 나 역시 그랬다. 나는 에이프릴과 우리의 미래에 관한 문제들을 헤쳐 나가려 애쓰다가 우울증에 빠졌다. 다시 샌디에이고의 부모님 집으로 들어갔다. 상황이 좀 정리되기를 기다릴까, 학교로 돌아가 건축학 석사 학위를 딸까 궁리하던 나는 우연히 팟캐스트를 듣게 되었다. 그 일이 내 인생의 진로를 완전히 바꿔놓았다.

제이슨 반 오든Jason Van Orden과 제러미 프랜센Jeremy Frandsen이 진행하는 〈인터넷 비즈니스 완전 정복 팟캐스트Internet Business Mastery Podcast〉를 듣고 나니 온라인에서 사업을 할 수 있겠다는 마음이 생겼다. 제이슨과 제러미가 만든 모든 콘텐츠에 서서히 빠져들면서 내 사업을 해야겠다는 생각에 사로잡혔다. 하루에 3, 4시간씩 그들이 만든 프로그램을 들었다. 한 회가 끝날 때마다 활력과 영감이 솟구쳤다. 만들어 낼 수 있는 잠재적 사업 아이디어들을 떠올리자 내 마음은 한껏 부풀었다. 나는 그들의 아카이브에 있는 방송 150회를 모두 (두 번씩) 들은 후, 웹사이트와 온라인 브랜드 구축 과정을 자세히 설명하는 그들의 온라인 강의를 수강했다.

제이슨과 제레미를 한 번도 만난 적은 없었지만, 나는 점차 그들의 슈퍼팬이 되어가고 있었다. 이 사실은 내가 어떤 회를 듣다가 제레미가 샌디에이고로 이주한다는 이야기를 들었을 때 확실해졌다. 갑자기 흥분감이 밀려와 실제로 나는 비명을 질렀다. 뮤지션이나 스포츠팀 이외에 이런 팬심을 느낀 존재는 처음이었다.

그 이야기가 있고 몇 주 후, 나는 제레미와 몇몇 팬들과 카페에 둘러앉아 커피를 마시게 되었다. 하마터면 이 자리에 끼지 못할 뻔했다. 잔뜩 겁을 먹은 내가 몇 번이나 발길을 돌리려 했기 때문이다. 각자 자기소개를 하고 그들의 프로그램을 얼마나 좋아하는지 조금 떠들고 나니 어느덧 마스터마인드 그룹mastermind group이 시작되었다.

'마스터마인드 그룹'이란 규칙과 체계를 정해두고 진행하는 원탁 토론이다. 제이슨과 제레미가 프로그램에서 이에 관해 이야기하는 것을 듣기는 했지만 직접 참여하는 것은 처음이었다.

사람들은 각각 15분의 발표 기회를 얻는다. 각자 자신이 무슨 일을 하려 하는지 이야기하고, 자기 일이 다른 사람에게 어떤 도움이 될지 묻는 식으로 토론이 진행된다. 생전 그렇게 떨렸던 적은 없었다. 나는 내놓고 이야기할 만한 진짜 사업 아이템을 갖고 있지 않았다. 그저 사람들의 LEED 시험(건축과 디자인 업계의 전문 시험) 합격을 돕기 위해 만든, 형편없는 웹사이트를 하나 가지고 있을 뿐이었다. 광고료로 하루에 5~15달러가 들어오는 게 전부였다. 생계를 이어갈 수 없는 일이었고 자랑스럽게 말할 거리도 아니었다. 다른 사람의 이야기를 들은 후라면 더더욱.

클라이언트 1명당 5,000달러 이상씩 버는 카피라이터도 있었고, 온라인 트레이닝 코스를 만들어 파는 피트니스 전문가도 있었으며, 베스트셀러 서적을 몇 권이나 낸 작가도 있었다. 나는 그 자리에 있을 만한 사람이 아니라는 생각이 들었다. 차례가 돌아왔을 때 나는 최대한 발표를 빨리 끝내고, 다른 사람의 이야기나 제레미의 마법에 대해 더 많이 듣고 싶은 마음뿐이었다.

하지만 다른 사람을 돕기 위해 만든 내 LEED 시험 사이트 이야기를 꺼냈을 때 사람들이 나에게 보여준 반응은 내가 하고 있는 일, 내가 할 수 있는 일을 완전히 다른 시각에서 보게끔 해주었다. 내 사이트의 트래픽(하루 방문객 5,000명)을 듣자 그들은 소스라치게 놀랐다. 광고 이외에는 그 사이트로 수익을 창출하기 위해 하는 일이 전혀 없다는 것을 듣자 완전 흥분해서는 저마다 내가 해야 할 일을 가르쳐 주겠다며 야단이었다.

제레미가 외쳤던 말이 생생히 기억난다. "팻! 전자책을 만들어서 사이트에서 판매해야 해요!" 그가 옳았다. 나는 내가 구축한 독자층과 정보를 이용해 판매 사이트를 만들 천재일우의 기회를 손에 쥐고 있었던 것이다. 그날 밤늦게 집으로 돌아온 나는 전자책 제작을 시작했다. 몇 주 동안 잠을 줄여가면서 작업에 집중했다. 포스팅한 첫날, 처음으로 책이 팔렸다. 사업이 시작된 것이다! 고객이 생겼다! 기분이 기막히게 좋았다.*

그리고 불과 몇 개월 만에 내 첫 번째 슈퍼팬이 생겼다.

재키와 1,000명의 슈퍼팬

2008년 12월 내 첫 번째 상품을 론칭하고 몇 개월 뒤, 나는 재키로부터 이메일을 받았다. 최근에 나의 시험 책자를 구입한 고객이었다.

---

* 내 책 《내려놓다 Let Go》에, 이 마스터마인드가 내 인생의 전환점이 된 이야기를 자세히 소개해 놓았다.

선생님! 감사한 마음을 표현하기 위해, 이메일을 쓰지 않을 수 없었어요! 무엇보다 당신의 책《LEED 시험 분석*LEED Exam Walkthrough*》에게 고맙다고 말하고 싶습니다. 몇 주 전 아주 좋은 성적으로 시험에 통과했어요. 그 이후 회사에서 급여가 인상되고 승진도 했답니다! 오랫동안 준비하고 기대해 온 일이지만 이런 결과를 얻게 된 건 시험 합격이 결정적이었어요.

급여가 오른 덕분에 우리 가족과 저는 이번 여름 캘리포니아 디즈니랜드로 여행 갈 계획을 세울 수 있게 되었어요. 캘리포니아 남부에 살고 계시는 것으로 아는데, 우리 가족과 저녁 식사를 함께해 주실 수 있을까요? 거절하셔도 괜찮아요. 저를 알지도 못하시니까요. ㅎㅎㅎ 하지만 저에게 어떤 일을 해주셨는지 말씀드리고 감사를 전하고 싶었어요. 사무실에 있는 모든 사람에게 선생님과 선생님 책에 관해 이야기하고, 시험을 준비하는 사람들에게는 꼭 이 책을 사라고 권할게요. 선생님이 해준 일에 비하면 이건 아무것도 아니죠. 올해 여름 저녁 식사에 관해 선생님의 의견을 알려주세요.

당신의 왕팬, 재키 드림.

당신의 왕팬? 내게… 팬이 있다고? 시험에 합격하도록 도와줘서? 재키의 편지가 처음에는 전혀 와닿지 않았다. 하지만 빈말이 아닌 건 확실했다. 그녀는 내게 저녁 식사를 제안했고 회사 사람에게 내 책을 알렸다. 그러니까, 내가 다른 사람이 시험에 합격하도록 도왔던 거지?

재키와 나는 이메일을 몇 차례 교환했다. 아쉽게도 시간이 맞지 않아 저녁 식사는 하지 못했지만 그녀는 내가 처음으로 시작한 '내 일'을 좋아해 준 진정한 슈퍼팬이었다. 나는 그녀를 통해 한 명의 슈퍼팬이 내 사업에 미칠 수 있는 영향력을 경험했다. 내 사업은 첫 상품을 내놓고 1년 만에 수입이 100만 달러 단위에 이를 정도로 성장했다. 내가 구독자 이메일 목록을 구축하기도 전이었다. 10명의 재키, 100명의 재키, 1,000명의 재키들로 이루어진 무리를 상상해 보자! 비즈니스는 단 몇 명의 힘만으로도 기하급수적으로 성장할 수 있다. 테일러 스위프트Taylor Swift나 "더 록The Rock"이라 불리는 드웨인 존슨Dwayne Johnson처럼 수백만의 팬이 있어야만 성공적인 브랜드를 구축할 수 있는 것은 아니다. 일단 목표는 슈퍼팬 1,000명이면 충분하다.

2008년 말 사업을 시작했을 때 나는 잡지 〈와이어드Wired〉의 편집장 케빈 켈리Kevin Kelly가 쓴 《1,000명의 진정한 팬1,000 True Fans》을 읽었다. 당시와 마찬가지로 지금도 여전히 유용한 이 걸작은, 삶을 뒤바꾸는 진짜 성공은 달성 가능한 목표라는 것, 정말 좁은 틈새(LEED 시험 준비처럼)에서 사업을 구축하는 일이 마냥 정신 나간 짓만은 아니라는 것을 깨닫게 해주었다.

그는 진짜 팬(당신이 만드는 어떤 것이든 구매할 팬) 1,000명만 있으면 그리고 그 각각의 팬이 당신의 작품, 당신의 일에 매년

100달러의 수익을 올려주면 당신은 100만 달러 규모의 사업을 가지는 것이라고 주장한다. 여기에서 진짜 팬이란 어떤 사람들인지, 그들이 당신에게 가진 애정으로 기꺼이 어떤 일을 하는지 켈리의 설명을 들어보자.

> "그들은 당신이 노래하는 것을 보기 위해 300킬로미터를 달려온다. 그들은 재발매된 당신 제품의 고해상도 슈퍼 디럭스 박스 세트를 구매한다. 신통치 않은 버전이라도 마다하지 않고 말이다. 구글 알리미^{Google Alert}에 당신의 이름을 설정해 놓는다. 그들은 절판된 당신의 책들이 올라오는 이베이^{eBay} 페이지를 즐겨찾기에 추가한다. 그들은 당신이 주최하는 행사에 참석한다. 그들은 당신 책에 사인을 받는다. 그들은 티셔츠와 머그잔과 모자를 사들인다. 그들은 당신이 다음 작품을 발매할 때까지 안달하며 기다린다. 그들은 당신의 진정한 팬이다."

슈퍼팬과 아주 비슷하지 않은가? 사실 켈리는 그의 글에서 '슈퍼팬'과 '진정한 팬'이라는 용어를 바꾸어 가며 사용한다.

그 숫자를 다시 생각해 보자. 1,000명의 팬에 100달러를 곱하면 10만 달러가 된다. 물론 세금을 제하지 않은 금액이고 실제로는 최종 결산에 영향을 주는 다른 많은 요소도 고려해야 한다. 하지만 그가 정곡을 찌르고 있다는 것만은 틀림없다. 그의 말을 나는 이렇게 요약하고 싶다. "플래티넘 베스트셀러나 블록버스터, 유명인의 지위 같이 실현 가능성이 극히 낮은 '정점'을 향해 노력하기 보다는,

1,000명의 진정한 팬과 직접적인 관계 맺기를 목표로 한다."

당신의 일을 성공시키기 위해 온 세상을 바꿀 필요는 없다.
단지 누군가의 세상을 바꾸기만 하면 된다.

창업이 처음이라면 이 말이 당신의 불안감을 덜어줄 수 있을 것이다. 이것은 충분히 실현할 수 있는 목표다. 더 구체화하자면, 3년이 채 되지 않는 기간 동안 매일 1명의 팬만 만들 수 있으면 된다. 당신이 공략하는 분야가 어떤 분야든 간에 당신을 좋아해 줄 수 있는 사람이 세상에 1,000명은 존재한다. 사실은 1,000명까지 필요하지도 않다. 이미 알고 있을지 모르지만 슈퍼팬은 온갖 사람에게 당신에 관해 이야기하며 다닐 테고, 그들의 이야기를 들은 사람들 중 일부는 슈퍼팬이 될 것이기 때문이다.

이미 자리 잡은 사업을 갖고 있어서 성장과 확장을 꾀하는 사람에게도 이는 충분히 흥미로운 이야기다. 계속 당신을 찾아오는 슈퍼팬 그룹을 상상해 보라. 그들은 당신을 찾아와 제품을 더 구매하는 것은 물론 다른 사람까지 이끌고 올 것이다.

1년에 100달러? 그것은 슈퍼팬이 당신에게 쓸 최저 금액이다. 신경조차 쓰지 않는 자동 결제, 예를 들면 케이블 TV 요금이나 게을러서 취소하지 못한 구독료 같은 것들에 한 달에 100달러씩 지불하는 사람들이 부지기수다. 그런데 슈퍼팬이라면? 그들은 전력을 다할 것이다. 슈퍼팬 그룹을 만들면, 당신은 그들이 수익에 주는 영향력을 직접 목격할 것이다.

"하지만 제 사업이 성공하려면 엄청난 청중이 필요해요. 당신에게는 이미 수천 명의 슈퍼팬이 있으니까 그렇게 얘기할 수 있는 거죠." 이런 말을 하는 독자도 있을 수 있다. 나는 이런 의문을 갖는 사람에게 단 한 명의 슈퍼팬이 사업에 어떤 영향을 주는지 꼭 말해주고 싶다.

재키와 첫 대화를 나누고 몇 개월 후 나는 그녀로부터 또 이메일을 받았다. 그녀는 자기 직업에 관한 최신 정보를 주었고, 내 웹사이트 그린이그잼아카데미닷컴GreenExamAcademy.com을 회사 내부 고급 교육 프로그램의 추천 사이트로 만들 수 있다고 알려왔다. 나는 데이터베이스를 확인해 세계에 퍼져 있는 그녀의 회사 여러 지부에서 25명 이상의 사람들이 내 책을 구입했다는 것을 알게 되었다. 이후 5년 동안 그녀의 회사에서 더 많은 사람이 계속 매출을 올려주고 있음을 확인할 수 있었다.

이처럼 슈퍼팬은 스스로 일을 한다. 그들은 당신이라는 존재, 당신이 하는 일을 너무나 사랑하고 인정한다. 따라서 기꺼이 나서서 당신을 돕고 조금의 거리낌도 없이 다른 사람에게 당신을 추천한다. 그들은 당신의 사업이 미래를 대비하도록 도움을 준다.

나는 재키와 그녀 때문에 내 고객이 된 다른 25명의 사람들처럼, 당신 사업에 예기치 못한 승수 효과multiplier effect(어떤 경제 변수가 다른 경제 변수의 변화에 따라 바뀔 때, 한 번에 끝나지 않고 연달아 변화를 불러일으켜 마지막에는 최초의 변화량의 몇 배에 이르게 되는 경우-옮긴이)를 가져다

줄 광팬을 찾고 양성하는 데 도움을 주려 한다. 이 책은 당신에게 그 방법을 보여줄 것이다.

이런 식으로 슈퍼팬 진입 경로에 관해 설명하면, 공통적으로 받게 되는 질문이 있다. 제게 정말로 필요한 팬은 몇 명입니까? 나는 생각보다 많지 않다고 답한다. 재키 덕분에 내가 만든 LEED 시험 가이드를 구입한 사람이 최소한 25명이라는 것을 기억하라. 청중 가운데 몇 명의 재키만 있으면, 즉 당신의 사절단 역할을 할 소수가 각각 25명에게 영감을 준다면, 당신은 궤도에 오를 수 있다. 이제 막 슈퍼팬을 만드는 일을 시작했다고 해도 조급해할 필요는 없다. 팬덤의 질이 팬의 수보다 훨씬 더 중요하기 때문이다. 나는 건축 관련 시험 가이드처럼 매우 지루한 아이템에서도 슈퍼팬을 만들 수 있다는 사실을 보여줬다. 그렇다면 당신도 충분히 가능하다. 당신이 어떤 틈새를 공략하고 있든 상관없이 말이다.

어디든 당신을 따라 올 당신만의 팬덤을 양성하고 싶은가? 그렇다면 무엇부터 시작해야 할까? 우리는 피라미드의 밑바닥부터 시작해 한 단계씩 위로 올라가야 한다. 비정기적 청중, 즉 최근 당신을 알게 된 사람들을 활발한 구독자로 만드는 방법부터 시작하는 것이다. 슈퍼팬 진입 경로에 관한 다음의 몇 개 장은 당신이 만들 브랜드와 타깃이 될 사람들을 상상하며 읽어주길 바란다. 다시 한번 말하지만, 이 모든 것을 그대로 해내야 성공하는 것은 아니다. 앞으로 이어질 내용을 흥미로운 재료 창고라고 생각하라. 그리고 그 안에서 당신의 스타일과 기호에 맞게, 또 재미있게 재료를 골라 넣어 자신만의 특별한 '경험' 칵테일을 만들길 바란다.

이제 슈퍼팬 진입 경로와 당신 브랜드의 슈퍼팬 개발을 뒷받침할, 가장 중요한 원칙을 상세히 살펴보자.

슈퍼팬을 위한 '팬덤 피라미드'

몇 년 전 비즈니스 콘퍼런스에 참석했다. 무대 위의 강연자는 우리가 살고 있는 이 시끄러운 세상에서 주목을 끌어 더 많은 고객을 유인하는, 더 성공적인 사업을 구축하는 방법에 대해 이야기하고 있었다.

> "사업을 구상하면서 보도를 걸어가다가 바닥에 떨어진 5센트를 발견했다고 생각해 봅시다. 미신을 믿는 분들을 위해서 앞면이 위를 향하고 있다고 해두고요(앞면이 위를 향하고 있는 동전을 주우면 행운이, 뒷면이 위를 향하고 있는 동전을 주우면 불운이 온다는 미신이 있음 – 옮긴이). 여기 계신 분들 중 가던 길을 멈추고 5센트짜리 동전을 줍겠다는 분은 솔직하게 손을 들어주십시오."

당신은 걸음을 멈추고 동전을 줍겠는가? 250명 정도가 있었지만 손을 든 사람은 10퍼센트 정도에 불과했다.

"이제, 사업에 대해 생각하면서 보도를 걷고 있는데 바닥에 25센트가 떨어져 있는 걸 발견했다고 생각해 보십시오. 역시 앞면이 위를 향하고 있습니다. 여기 계신 분들 중 가던 길을 멈추고 25센트짜리 동전을 주워 들겠다는 분은 솔직하게 손을 들어주십시오."

이번에는 손을 든 사람들이 훨씬 더 늘어났다. 40퍼센트 정도가 손을 들었다.

"마지막으로 바닥에 1달러짜리 지폐가 있다면 어떻게 하시겠습니까?"

이번에는 그 자리에 있던 대부분의 사람이 손을 들었다. 다만 한 사람은 깜짝카메라가 아니냐고 외쳤다.

강연자는 사업을 구축하려면 그 1달러짜리 지폐처럼 되기 위해 노력해야 한다고 말했다. 이 1달러짜리 지폐는 자신을 돋보이게 하는 두 가지 특징을 가지고 있다. 첫째, 평소에 쉽게 마주치는 것이 아니어서 주목을 끈다. 둘째, 가치를 즉각 확인할 수 있기 때문에 기꺼이 걸음을 멈추고 집어 드는 수고를 하게 만든다. 비즈니스 역시 마찬가지다. 성공을 원한다면 사람들의 주의를 끌어야 하고, 그들의 삶에 어떻게 가치를 부가하는지 바로 눈에 띄도록 만들어야 한다.

비즈니스라는 거리의 구석구석에는 우리가 외면하고 지나간 값싼 동전들이 널려 있다. 눈에는 띄지만 시간을 투자할 가치가 없어 보이는 동전도 있다. 나는 이 비유가 마음에 든다. 다만 여기에는 한

가지 큰 문제가 있다. 주목을 끌고 가치를 부가하는 것만으로는 충분하지 않다. 그것은 최소한의 기준이다.

'부가 가치'라는 말은 "어떻게 하면 성공적인 사업을 구축할 수 있을까요?"라는 질문에 대한 답으로 너무 많이 쓰였다. 너무 진부해진, 당연한, 거의 의미가 없어질 위기에 처한 답이 된 것이다.

> Q. 어떻게 하면 구독자를 더 모을 수 있을까요?
>
> A. 가치를 부가하십시오.
>
> Q. 어떻게 하면 더 많은 사람이 제 콘텐츠를 공유할까요?
>
> A. 가치를 부가하십시오.
>
> Q. 어떻게 하면 검색 엔진 결과를 더 낫게 만들 수 있을까요?
>
> A. 가치를 부가하십시오.

위의 내용만 봐도 그렇다. 가치를 부가하는 것은 의무와도 같다. 가치를 제공하지 않는다면 아무도 당신을 집어 들지 않을 것이다. 이 사고 실험을 더 이어나가 보자.

바닥에 떨어진 1달러짜리 지폐를 발견해 집어 들었다. 다행히도 깜짝 카메라는 아니었다. 당신은 지폐를 주머니에 넣어 가지고 다녔다. 당신은 남은 하루 동안 그 지폐에 대해서 몇 번이나 생각을 할까? 몇 번이나 그 지폐를 꺼내 친구나 가족들에게 보여줄까? 그 지폐를 잃어버리면 당신의 하루를 망치게 될까? 당신의 인생을 바꾸게 될까? 아마 아닐 것이다.

나에게 이렇게 항의하는 사람도 있을 것이다. "팻, 당연히 1달러는 인생을 바꾸지 않아요. 하지만 길을 가다가 1만 달러를 발견한다면 얘기가 달라지죠. 그 돈에 대해서 온종일 생각할 테고, 가까운 사람들에게 그 이야기를 전할 테고, 갑자기 없어진다면 기분이 엉망이 될 겁니다."

타당한 이야기다. 하지만 진실은 따로 있다. 당신이 생각하는 것은 돈 그 자체가 아니다. 당신은 그 돈이 당신에게 가져다줄 가능성에 관해 생각한다. 돈이 당신에게 만들어 줄 경험과 가능성, 당신 삶에 새로운 무언가를 드러내 줄 능력을 말이다.

슈퍼팬을 만드는 비결이 여기에 있다. 새로운 경험을 만드는 것, 청중의 삶에 새로운 존재가 나타나도록 돕는 것이다. 사람들이 당신을 발견하고, 당신이 제공한 것의 가치를 알아볼 뿐 아니라 그 결과로 색다른 느낌을 받아야 한다. 그들이 자기 자신을 특별하다고 느끼게끔 만들어 줘야 한다. 그러한 일들이 그들을 당신의 슈퍼팬으로 만든다.

어떤 것의 슈퍼팬이 되는 것은 어떤 사람, 제품, 이름, 브랜드 때문이 아니다. 그 사람, 제품, 이름, 브랜드가 자신에게 어떤 특별함을 가져다주느냐가 슈퍼팬이 될지를 결정한다.

사람들은 당신을 발견한 순간 즉시 슈퍼팬이 되지 않는다.
사람들은 당신이 오랜 시간에 걸쳐 만들어 준 마법 같은 순간들 때문에 슈퍼팬이 된다.

그렇다면 정확히 어떻게 해야 그런 순간들을 만들 수 있을까? 그런 순간들은 어떤 모습일까? 이제부터 슈퍼팬 진입 경로와 그에 따른 모든 방법, 당신이 만들어야 할 모든 세부 사항을 나와 함께 탐구해 나갈 것이다. 하지만 그 전에 우선 피라미드의 가장 높은 곳에 이르렀을 때 무엇을 기대할 수 있는지부터 알려주고 싶다. 이를 위해서는 피라미드로 돌아가야 한다.

팬덤 피라미드 전체는 당신의 브랜드를 알고 있는 사람의 총수를 나타낸다. 슈퍼팬을 만든다는 것은 각 단계의 사람을 상위 단계로 옮기는 일이다. 즉 비정기적 청중을 활발한 구독자로, 활발한 구독자를 유대가 형성된 커뮤니티로, 유대 커뮤니티의 청중을 피라미드의 꼭대기로 끌어올려 슈퍼팬으로 만드는 전략을 실행한다는 의미다.

비정기적 청중은 청중에서 가장 많은 부분을 차지한다. 이들은 당신을 알고 찾아온 사람들이 아니다. 추천이나 링크, 다른 웹사이트에서의 언급, 검색 결과, 관련 영상 등을 통해 당신을 발견한 사람들이다. 그들은 당신이 유용한 무언가를 제공하기 때문에 당신을 찾았다. 답을 얻거나 가벼운 조사를 하느라 당신을 찾았기 때문에 거기에 머물기도 하고, 답을 찾기 위해 다른 곳으로 떠나기도 한다. 이들은 당신의 조회 수나 트래픽의 대부분을 차지한다. 안타깝게도 많은 기업이 이런 숫자에만 집착한다. 여기에 해당되는 사람들은 슈퍼팬과는 거리가 멀다. 따라서 슈퍼팬으로 가는 여정의 초기인 이 단계에서 당신은 그들에게 정확한 장소를 찾았다고 생각하게끔 만들어야 한다. 특별한 것이 존재한다고 생각하고, 다시 찾아와야겠다고 마음먹게 만드는 계기를 말이다.

활발한 구독자는 당신이 누구인지, 당신과 당신의 브랜드가 무엇을 제공하는지 아는 사람들이다. 당신이 새로운 것을 공유하거나 만들고 발표하면, 그들은 해당 콘텐츠나 제품에 시간 또는 돈(혹은 둘 다)을 투자할 것인지 결정한다. 그들은 행동을 취하고 목소리를 낼 수 있지만, 그러기 위해서는 약간의 설득이 필요하다. 그들은 당신의 구독자 목록이나 SNS에 존재한다. 그들은 영향력 있는 행동을 취하며, 어떤 시점에는 당신에게 더 많은 것을 원한다는 결정을 내린다. 이것은 아주 좋은 출발이다. 하지만 그들은 아직 피라미드의 꼭대기와는 상당히 멀리 있다.

그리고 유대 커뮤니티에서 마법이 시작된다. 이 구역에 있는 청중과는 정기적으로 쉽게 소통할 수 있다. 그뿐 아니라 이들은 서로 대화를 나눈다. 커뮤니티 구성원들은 서로를 인식하고, 심지어는 자신들에게 이름을 붙이기도 한다. 댓글, 피드백, 조사 결과의 대부분이 이 집단에서 나온다. 새로운 것을 만들 때, 사업을 성장시키고 가속시킬 도움이 필요할 때, 새로운 아이디어의 유효성을 입증해야 할 때, 이들은 필수 자산이 된다. 이 커뮤니티는 슈퍼팬의 기반이 된다.

이 피라미드의 바닥에서 꼭대기에 이르는 여정은 쉽지 않다. 오르막길이다. 시간이 걸린다. 인내가 필요하다. 계속 노력을 기울여야 한다. 하지만 이 과정이 좋은 효과를 내는 이유는 무엇일까? 대부분의 기업은 이런 식으로 일을 하지 않기 때문이다. 대부분의 기업은 피라미드를 다음과 같이 뒤집는다.

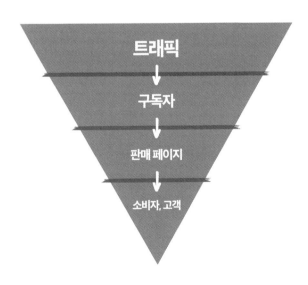

이 역피라미드는 '매출 깔때기sales funnel'라고 알려져 있다. 이것은 대부분의 사업가가 참고해 활용하는 비즈니스 모델이다. 이 모델은 이해하기 쉽고 만들기도 비교적 쉽다. 무엇보다 결과를 측정하기가 대단히 쉽다. 사람들이 깔때기로 들어오면 그중 일정 비율의 사람들이 구독자가 된다. 구독자의 일정 비율은 상품 구매 페이지를 본다. 이 사람들의 일부는 유료 고객으로 전환된다.

매출을 두 배로 늘리는 데에는 몇 가지 방법이 있다. 첫째, 이 깔때기에 들어오는 사람들의 수를 두 배로 만드는 것이다. 다시 말해 트래픽을 늘리면 된다. 그 때문에 트래픽 확대 전략이 대단한 인기를 모으고, 트래픽 추적과 수치가 중요해지는 것이다. 광고처럼 돈이 드는 기법을 이용해 깔때기에 더 많은 사람을 끌어들일 때는 수치의 중요성이 더욱 커진다.

두 번째 방법은 트래픽이 동일하다는 가정하에 시작한다. 차이점은 트래픽이 구독자로 전환되는 비율, 판매 페이지를 클릭하는 구독자의 비율, 고객의 세일즈 페이지 조회 수를 두 배로 늘리는 것이다. 이 방법은 수익에 엄청난 영향을 미칠 수 있는 새로운 전략들을 시험해 볼, 재미있는 숫자 게임이 될 것이다.

나는 깔때기가 매우 중요하다고 생각한다. 고객의 여정을 이해함으로써 실제 당신에게 돈을 벌어다 줄 수 있는 체계적인 영업 방식을 구축할 수 있기 때문이다. 그것이야말로 비즈니스의 목표가 아닌가? 사업을 지속하고 생계를 유지하려면 돈을 벌어야 한다. 고객들이 깔때기 안에 어떻게 들어오고 여정을 어떻게 완성하는지 이해하는 일은 모든 사업을 성공시키기 위해 대단히 중요하다.

안타깝게도 대부분의 경우 깔때기와 그 뒤의 숫자들을, 숫자 뒤에 있는 사람들의 경험보다 더 중요하게 여긴다. 슈퍼팬을 구축하는 일에, 사람들이 브랜드와의 시간을 특별하다고 느끼게 만드는 일에 성의를 다하지 않으면, 새로운 사람들을 깔때기에 끌어들이기 위해 엄청난 노력을 기울여야 한다. 이런 일은 힘이 들뿐만 아니라 대단히 많은 비용을 필요로 한다.

나는 당신이 지치거나 진이 빠지는 것을 바라지 않는다. 파산은 당연히 사절이다. 당신이 당신만의 슈퍼팬 부대를 만드는 데 도움을 주고 싶다.

이 책에서 가장 중요한 일은 당신이 운영하는 비즈니스의 슈퍼팬이 어떤 모습일지 알아보는 것이다. 당신을 발견한 사람들이 슈퍼팬이 되어 당신에게 애정과 지지를 퍼붓도록, 마치 자기 생사가 걸린 듯 당신과 당신의 일에 참여하도록 만드는 방법을 정의하는 것이다. 나는 다양한 유형의 브랜드와 기업이 청중의 피라미드 등반을 돕는 데 사용했던, 여러 입증된 전략들을 소개할 예정이다. 당신이 혼자 활동하는 창작가(유튜버처럼)이든 수천 명의 직원을 거느린 대기업(유튜브 자체가 그렇듯이)이든 그것은 문제가 되지 않는다. 이 책은 당신이 팬을 성장시키고 활성화시키며, 또 그 일을 재밌게 할 수 있도록 도와줄 것이다.

슈퍼팬 경로를 정립하고 만들어 나가는 데 있어서 가장 큰 장점은 '재미'다. 청중을 움직이고, 청중에게 영감을 주며, 당신과 유대를 형성하게 하는 일은 흥미진진할 것이다. 이는 청중 전환율을 계산하고 최적화를 걱정하는 것보다 훨씬 재미있다. 물론 그런 일도 중요하다. 하지만 더 재미있게 할 수 있다면 당신은 더 행복해질 것이고, 사업도 번창할 것이다.

기대해도 좋다. 이 책의 전술, 전략, 이야기들을 가이드이자 영감으로 삼아 당신만의 슈퍼팬 경로를 만든다면, 그 과정에서 엄청난 재미를 맛보게 될 것이다.

1부에서는 피라미드의 바닥부터 시작해서 비정기적 청중을 활발한 구독자로 전환시킬 여러 방법을 보여줄 것이다. 크고 작은, 다양한 브랜드들이 비정기적 청중을 활성 청중으로 전환시키는 데 사용한 번뜩이는 아이디어들을 만나볼 것이다. 비디오 게임 회사 블리자드^{Blizzard}가 하나의 전략만으로 전 세계에 걸친 550만 구독자 기반 사업을 구축한 이야기도 등장할 것이다. 작사법 전략도 등장한다. 이는 아무도 지적을 해주지 않았을 뿐, 누구나 이전에 분명 경험해봤을 전략이다. 이 이야기를 하기 위해 나는 에이프릴을 백스트리트 보이스로 이끈 계기로 돌아가 에이프릴이 라디오에서 처음 그들의 노래를 들은 순간이 왜 슈퍼팬이 된 계기가 아닌지 설명할 것이다. 더불어 잠정적 미래를 상세하게 그려보면서, 비정기적 청중을 활발한 구독자로 전환시키는 데 도움을 줄 내 특유의 '드로리언^{DeLorean}(영화 〈백 투 더 퓨처^{Back to the future}〉에서 현재와 과거, 미래를 오가던 만능 자동차—옮긴이) 몰기' 전략도 놓치지 말길 바란다.

2부에서는 계속 피라미드를 등반하면서, 활발한 구독자를 사로잡아 그들을 좀 더 적극적인 유대를 맺는 커뮤니티의 참여자로 전환시킬 방법을 배울 것이다. 청중이 목소리를 내도록, 적극적으로 참여하도록, 당신의 일에 관여한다는 느낌을 받도록 만들 방법도 배울 예정이다. 레고가 1억 5,000만 달러의 부채를 지고 거의 파산 지경에 몰렸다가, 해즈브로Hasbro와 매텔Mattel을 합친 것 이상의 가치를 지닌 기업이 되기까지 사용했던 전략들도 접할 것이다. 이 전략들은 당신이 갖고 있는 브랜드의 규모가 크건 작건 관계없이 적용할 수 있다. 사람들이 당신과 당신 브랜드에 대해서, 마치 자신이 당사자인 것처럼 열성적으로 이야기하게 만들 것이다.

3부에서는 유대를 형성한 커뮤니티 내 사람들을 슈퍼팬으로 전환할 방법을 다룰 것이다. 여기가 특히 중요하다. 참신함을 만들고, 예측을 거부하며, 틀을 깨뜨리는 순간을 만드는 데 집중해야 할 구간이다. 평생의 팬을 만들기 위해 당신만이 줄 수 있는 특별한 접근 기회, 예상치 못한 일대일 상호작용, 유례를 찾을 수 없는 특유의 경험 등의 전략을 사용한다. 팬들은 자신을 이야기 속 주인공처럼 느낄 것이다.

각 장은 팬덤 피라미드의 청중을 다음 단계로 이동시킬 구체적인 하나의 전략에 집중한다. 나는 전략을 정의하고 그 전략이 실행된 실제 사례를 제시할 것이다. 각 장의 마지막에는 연습 파트가 있다. 이것들은 방금 배운 전략을 실행할 방법을 제시해 당신이 실제로 결과를 얻을 수 있게 도울 것이다. 각각의 연습은 쉽게 이해하고 실행해 가능한 빨리 결과를 받아볼 수 있게 구성했다.

여정 전체에서 우리는 '나의 구매자들'에게 놀라운, 기억에 남는, 공유할 가치가 있는 경험을 만드는 강력한 방법들을 배울 것이다. 책을 통해 피라미드의 각각의 층에 관해 학습하겠지만, 그 과정에서 배운 모든 것을 실천할 필요는 없다. 다만 중요한 것은 실행해 보는 것이다. 이런 시도만으로도 당신은 슈퍼팬을 만들 수 있다. 공감 가는 전략, 자신의 스타일에 맞는 전략을 선택하라. 각 팬층이 가진 특유의 성질과 욕구를 이해하고 이에 맞게 당신의 매력을 보여줄 방법을 조정하는 것이 관건이다. 그런 의식적인 노력만으로도 당신은 같은 영역에 있는 경쟁자들보다 앞서갈 수 있다.

마지막으로 4부에서는 슈퍼팬의 어두운 면을 다룬다. 여기 속한 장들은 당신을 겁주기 위해서가 아니라, 당신의 인지도가 높아졌거나 사람들이 정말로 당신에게 투자하게 되었을 때 일어날 수 있는 위험을 대략적으로나마 이해시키기 위해 마련했다. 세상은 넓고, 온갖 일들이 시시각각 일어난다. 반드시 안전에 주의를 기울여야 한다.

당신만의 슈퍼팬을 만들 준비가 되었는가?

자, 이제 시작해 보자.

1부

만나서 반갑습니다
활발한 구독자

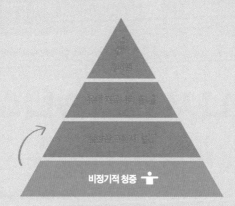

비정기적 청중

우리의 여정은 팬덤 피라미드의 바닥에서 시작된다. 가장 큰 부분을 차지하는 비정기적 청중에서부터 말이다. 이 사람들은 우연히 당신을 만나게 되었다. 그들은 다른 웹사이트에서 링크를 눌렀거나, 구글Google이나 유튜브 검색으로 당신의 브랜드와 마주치게 되었거나, SNS에서 당신을 발견했거나, 입소문을 통해 알게 되었다. 호기심 때문에 이 자리에 있긴 하지만 계속 머무르지는 않을 것이다. 당신을 택할 수도 있고 떠날 수도 있다. 당신이 어떤지 때때로 보러 올 수도 있지만 의미 있는 방식으로 유대를 형성하고 있지는 않다. 아직은 말이다.

당신의 임무는 이 비정기적 청중, 즉 당신과 당신이 제공하는 것에 관해 방금 알게 된 이들을 피라미드의 다음 단계인 '활발한 구독자'에 속하도록 만드는 일이다. 활발한 구독자들은 블로그에서 이웃 신청을 하거나, 페이스북과 인스타그램Instagram에서 당신을 팔로우하거나, 당신의 유튜브를 구독하는 사람들이다. 그들은 참여하기로 마음 먹은 사람들, 다시 말해 당신과 당신 브랜드에 관심이 있으며 거기에서 더 많은 것을 얻기 위해 행동을 취하는 사람들이다.

비정기적 청중을 활발한 구독자로 이동시키려면 '활성화'의 순간을 만들어야 한다. 활성화란 그들을 당신과 연결시키고 '오, 이건 뭔가 다른데? 마음에 들어'라고 생각하게 만드는 것이다. 당신은 사람들이 이해하고 인정하는 방식으로 이야기하고, 그들의 욕구와 불만 사항을 적절한 언어로 다루어야 한다. 또한 그들에게 가치를 전달해 주면서, 구독자로 당신 곁에 머물면 어떤 것을 얻게 되는지 보여줘야 한다. 다음 단계로 넘어가 계속 당신의 말에 귀를 기울이는 것이 그들에게 아주 손쉬운 결정이 되도록 만들어야 한다.

이 시점에서 도대체 드로리언이 활발한 구독자와 무슨 상관인지 궁금해하는 사람이 있을 것이다. (드로리언이 뭔지조차 모르는 사람도 있을 것이다.) 하지만 걱정할 필요는 없다. 곧 모두 설명해 줄 거니까!

1장
심금을 울리는 작사법

아내 에이프릴이 '백스트리트보이스 추억 상자'를 공개하기 전에, 이미 나는 그녀에게 정확히 어떻게 그 유명한 보이 밴드의 슈퍼팬이 되었는지 물어본 적이 있다. 내 궁금증을 해소하려면 그녀가 겨우 열다섯 살이던 시절까지 거슬러 올라가야 했다. 나와 그녀가 만나기 2년 전이었다.

그녀는 남자친구와 꽤나 가슴 아픈 이별을 한 모양이다. 사춘기 소녀들로 하여금 방문을 걸어 잠그고 음악을 크게 틀어놓게 하는, 그런 종류의 이별을 말이다. 그녀도 다르지 않았다. 그렇게 방에 틀어박혀 침대에 누워 있는데 라디오에서 노래가 흘러나왔다. 전에도 여러 번 들어본 노래였지만 이번에는 달랐다. 아주 색다른 경험이었다. 그녀는 그들이 하는 이야기에 귀를 기울였다. 왜?

그들의 노래에 그녀가 그 순간 겪고 있는 모든 감정이 담겨 있었기 때문이다. 시간을 되돌리고픈 마음. 사랑하는 사람에게 내 마음을 가지고 더 이상 장난치지 말아달라고 애원하고픈 마음.

어떤 노래냐고? (당신이 정답을 맞힌다면 절반은 내 덕분이다. 내가 더없이 확실한 힌트를 줬으니까.) 백스트리트보이스의 〈장난은 그만*Quit Playing Games(With My Heart)*〉이다.

그 순간, 노래의 메시지와 마음이 결합된 그 순간이 에이프릴에게는 '활성화'의 순간이었다. 가사는 그녀의 마음을 사로잡았다. 그때의 그 노래는 그녀로 하여금 귀를 기울이게 만들었고, 그녀가 어떤 일을 겪고 있는지 백스트리트보이스가 다 안다는 느낌을 줬다. 그 가사들은 에이프릴이 백스트리트보이스의 슈퍼팬으로 가는 문을 열어주었다.

에이프릴은 그 뒤로 백스트리트보이스의 노래가 나오기만 하면 볼륨을 높였다. 기회만 있으면 음반 가게에 가서 그들의 음반을 구입했다. 포스터를 사서 방에 붙이고, 학교만 끝나면 MTV의 〈토털 리퀘스트 라이브*Total Request Live*〉로 온종일 뮤직비디오를 보고, 친구들과 가족들에게 쉴 새 없이 그들에 대한 이야기를 했다. 어찌나 극성이었는지 결국 에이프릴의 오빠가 콘서트 티켓을 사서 동생 손에 쥐어 줄 정도였다.

그리고 이 모든 것은 꼭 맞아떨어지는 가사로부터 시작되었다.

생각해 보라. 당시 백스트리트보이스의 타깃층은 에이프릴과 같은 10대 소녀들이었다. 그들은 10대 소녀들이 생각하고 겪는 일들을 노래했다. 사랑과 가슴앓이를 말이다. 가장 중요한 것은 이 가사들이 청중의 언어를 사용했다는 점이다. "내 마음을 가지고 더 이상을 장난을 치지 말아달라"라는 구절을 예로 들어보자. 어린아이는 이런 말을 할 리가 없다. 일반적으로 어른들은 이렇게 멜로드라마 같은, 과장된 표현을 사용하지 않는다. 이는 정확히 10대를 겨냥하고 있는 가사다. 이 가사들(그리고 이 보이 밴드의 다른 요소들)은 이 밴드를 좋아할 청중이 충분히 납득하게끔 정교하게 만들어졌다.

이것은 성공의 공식이다. 음반 판매량뿐만이 아니다. 그 10대 소녀들이 자라서 지금까지도 백스트리트보이스를 보기 위해 콘서트 표를 매진시킨다는 사실이 이를 입증한다. 나는 이 상황을 누구보다 정확히 알고 있다. 최근 아내가 그들의 콘서트에 다녀왔기 때문이다.

강력한 브랜드, 성공한 브랜드를 만드는 일은 곧 사람들의 문제를 해결하는 일이다. 이 일의 첫 단계는 그들이 가진 문제가 무엇인지 아는 것이다. 그러나 이것만으로는 부족하다. 너무나 자주 과소평가되고 간과되는 두 번째 단계가 있다. 그 사람들이 자신의 문제를 정확히 '어떻게' 표현하는지 아는 것이다. 그들이 사용하는 언어가 당신이 사용할 노랫말이 되어야 한다. 사업가이면서 작가이기도 한 제이 에이브러햄Jay Abraham은 1970년대에 직접 대응 마케팅direct response marketing 전략들을 개발한 인물이다. 그의 전략은 지금까지도 널리 사용되고 있다. 그가 이런 말을 한 적이 있다. "당신이 타깃 고객의 문제를 그들보다 더 정확히 정의할 수 있다면, 고객은 당신이 해법을 가지고 있다고 자연스레 생각하게 된다." 잠재 고객이 겪고 있는 문제를 그들이 말하는 방식으로 정확히 이야기한다면, 이를 들은 잠재 고객들은 이렇게 중얼거릴 것이다. "저들은 나를 알아. 저들은 나를 이해하고 있어." 이것은 잠재 고객들의 주의를 끌고자 싸우고 있는 경쟁자들과 당신을 차별화시킨다. 그들을 강력하게 유인해 낼, 제대로 된 가사를 만들어라. 그러면 사람들이 당신 곁을 떠나지 않게, 꼭 붙어 있게 만들 수 있다. 그들을 활성화시키는 것이다.

당신도 슈퍼팬을 만들고 싶은가? 그렇다면 무엇이 가사의 역할을 하게 될까? 당신이 청중과 소통할 때 사용하는 단어들이 바로 가사다. 이메일, 블로그, 동영상, 페이스북 포스팅, 연설은 물론 당신이 직접 만나는 사람들과의 대화에 일상적으로 사용하는 단어들, 이것이 바로 가사가 된다. 적절한 가사를 사용하는 것은, 청중에게 당신이 그들의 언어를 능숙하게 구사할 정도로 마음을 쓰고 있음을 알리는 강력한 신호다.

내가 하는 사업에서는 표적 청중(당신과 당신이 일하는 방식에 매력을 느끼는 사람들)의 언어를 사용하는 것이 엄청나게 중요하다. 나는 사람들이 이메일, 페이스북, 인스타그램에서나 사적으로 사용하는 언어에 항상 주의를 기울이며, 나 역시 그 언어를 사용한다. 심지어 가끔씩은 내 이메일 주소록에 있는 10명을 선별해 그 사람들이 자신의 사업에서 어떤 문제를 다루고 있는지, 내가 더 좋은 서비스를 제공할 방법이 없는지 대화를 나누기도 한다. 이처럼 다양한 방식으로 고객들이 어떤 이야기를 하는지 주의를 기울여야 한다. 그러면 그들이 필요로 하는 것이 무엇인지, 그들이 그 니즈를 어떻게 표현하는지, 그들이 원하지 않는 것은 무엇인지까지 대단히 귀중한 정보를 얻을 수 있다. 물론 이후에는 그 정보를 기반으로 행동을 취해야 한다. 청중의 언어를 배울 수 있는 방법은 대단히 많다. 당신이 지금 실천할 수 있는 세 가지 방법을 소개한다.

온라인에서 이미 진행 중인 대화를 찾는다

지금 이 시간에도 사람들은 온라인에서 자신이 겪는 고통과 문제에 관해 이야기하고 있다. 그중에는 당신이 만들고 있는 것과 연관된 주제도 있다. 약간의 노력만 기울이면 소셜미디어, 블로그, 그룹, 포럼에서 진행되고 있는 대화들을 찾아 많은 정보를 얻을 수 있다.

기존의 대화를 찾아 확인하는 것은, 표적 청중과 그들이 그들의 문제를 묘사하는 방식에 관해 더 깊게 파악할 수 있는 귀중한 활동이다. 물론 청중과 직접 대화하는 것이 아니기 때문에 최고의 전략이라고 할 수는 없다. 하지만 당신이 지금 막 시작하는 단계에 있다면, 당신이 발을 들이려는 세계에 연줄도, 청중도, 이메일 주소록도 없다면, 위의 방법은 좋은 출발점이 될 것이다.

페이스북이나 링크트인^{LinkedIn}과 같은 소셜미디어 내의 그룹들은 대화 탐색과 연구에 매우 효과적인 도구다. 맨 위의 검색창에 표적 청중이 서로를 찾기 위해 사용할 법한 키워드 몇 개를 넣어본다. 당신이 홈스쿨링 틈새시장을 공략하려 하고 있다면 당연히 '홈스쿨링'이나 '홈스쿨'을 검색해 봐야 한다. 검색 결과로 여러 개의 그룹이 (페이지나 인물들과 같은 다른 결과와 함께) 나타난다. 가능하다면 필터링 기능을 이용해 그룹 이외의 것들은 걸러내도록 한다.

키워드를 검색할 때는 약간의 창의성을 발휘해야 할 필요가 있다. 당신이 공략하는 틈새시장 너머까지 생각해 보라. '홈스쿨링' 너머에는 '교육'이나 '양육'과 같은 단어들이 있을 것이다. 이 주제와 관련된 그룹에서 홈스쿨링의 찬반과 연관된 흥미로운 토론들이 벌어질 수도 있다.

페이스북의 경우, 이런 그룹들 중에 공개된 것이 있다. 공개 그룹에서 벌어지는 토론은 굳이 그 그룹에 가입하지 않아도 볼 수 있다. 비공개 그룹도 있다. 비공개 그룹 내부에서 벌어지는 토론을 보려면 우선 운영자의 가입 승인을 얻어야 한다. 이 그룹에 들어가서 당신 사업을 무차별적으로 홍보하거나 최신 제품을 공유하는 일은 절대 하지 말아야 한다. 이런 짓은 사람들을 화나게 만든다. 그들은 당신을 곧장 차단할 것이다. 당신이 할 일은 사람들이 무엇에 관해 이야기하는지, 더 중요하게는 그들이 그것에 관해 어떻게 이야기하는지 알아내는 것이다.

소셜미디어에서는 실시간으로 많은 토론이 벌어지고 있다. 활발한 그룹이라면 특히 더 그렇다. 홍보나 광고도 있을 것이고(절대 하지 말 것!), 즉흥적인 대화나 질문도 많이 있을 것이다. 이때, 유용한 토론을 찾을 수 있는 비법이 따로 있다.

보통 사이트 가장자리에 있는 그룹 내부 검색 상자에 다음의 구절을 넣고 검색하면 좋은 결과를 얻을 수 있다.

- ▶ "왜 (…) 인가?"_"WHY IS IT"
- ▶ "(…)이 필요한 때."_"WHEN CAN I"
- ▶ "(…)은 무엇인가?"_"WHAT ARE THE"
- ▶ "(…)의 의미."_"WHAT IS THE"
- ▶ "나는 어떻게 (…)을 하게 되었나?"_"HOW COME I"
- ▶ "도움이 필요해요."_"NEED HELP"
- ▶ "도와주세요."_"PLEASE HELP"
- ▶ "(…)은 어떻게 할까?"_"HELP WITH"

이 방법의 가장 큰 장점은 포럼, 블로그, 심지어는 구글에서도 사용할 수 있다는 것이다! 다시 말하지만 이는 좋은 출발점이다. 하지만 나는 여기서 그치지 않고 더 좋은 두 가지 방법까지 소개할 생각이다. 이 두 가지 방법을 이용하면 실제로 대화를 나누면서 사람들이 어떤 도움을 필요로 하는지 알아낼 수 있다.

개방형 질문 던지기

"(…)와 관련해 당신이 가진 가장 큰 문제는 무엇인가요?"라고 사람들에게 물어보자. 이 방법은 책 《질문하라*Ask*》를 쓴 라이언 레버스키^{Ryan Levesque}로부터 배운 것이다. 사람들에게 특정한 주제에 관련된 가장 큰 문제가 무엇인지 묻고, 이어서 더 많은 것을 알아낼 수 있는 방법이다. 팟캐스트로 성공하고 싶은 사람에게 도움을 주는 일을 하는 사업가라면, 프로그램에 출연할 인터뷰 손님을 찾을 때 겪는 가장 큰 문제가 무엇이냐고 물을 수 있다. 이후 응답한 사람들에게 이메일이나 다이렉트 메시지를 통해 후속 질문을 한다. 많은 사람이 불만을 해결하기 위한 서비스, 제품 관련 정보를 기꺼이 공유해 줄 것이다.

내가 이런 일을 할 때 가장 선호하는 방법은 이메일 목록에 있는 사람들에게 접촉을 시도하는 것이다. 이 전략은 구독자가 많지 않은 상태에서도 사용할 수 있다. 사람들이 당신의 브랜드를 찾아왔을 때 가장 처음 만나는 것이 위의 질문이 되도록 만들어라. 팔로잉을 아직 하지 않았거나 구독을 신청하지 않았더라도 그 질문을 볼 수 있도록 말이다. 질문을 소셜미디어에 올릴 때는 우연히 방문한 사람도 질문을 발견하고 응답할 기회를 가질 수 있도록 만드는 것이 좋다.

사용자가 크게 늘어나도 계속 이 전략을 사용할 수 있다. 나는 2014년부터 이 전략을 사용하기 시작했다. 이것은 판도를 완전히 뒤집는 전략이다. 나는 '온라인 사업을 구축하는 것과 관련해 당신이 가장 어렵다고 느끼는 문제는 무엇입니까?'라는 개방형 문제를 담은 이메일을 보냈고 7,000통의 답장을 받았다. 나는 이 사람들이 쓰는 언어, 즉 가사들을 사용해서 내 영업 카피나 이메일에서 사용하는 언어를 조정했다.

이를 통해 나는 내 청중을 '아직 사업을 하고 있지 않은 사람들', '시작은 했지만 눈에 띄는 결과를 보지 못한 사람들', '사업을 시작해서 좋은 결과를 본 사람들'까지 세 부류가 있다는 결론을 내릴 수 있었다. 이에 우리는 청중을 세 집단으로 구분해 집단마다 이메일이나 웹사이트에서 이야기하는 방식을 달리했다. 우리가 그들을 위해 만드는 서비스와 제품에도 각 집단에 맞게 변화를 주었다.

청중의 규모가 크지 않더라도 개방형 질문을 이용할 수 있다. 예를 들어 이웃 신청을 한 후 청중이 받게 되는 이메일에 비슷한 질문을 포함시키는 것도 좋은 방법이다. 이렇게 하면 이웃이 생길 때마다 답을 얻을 수 있고, 그 답에 후속 질문을 할 수도 있다.

첫 질문에 이어, "지금까지 어떤 유형의 해법을 시도해 보셨습니까?", "이 문제를 해결할 마법의 지팡이가 있다면 당신은 어떻게 해결했을까요?"와 같은 후속 질문을 해볼 수 있다. 장담하건대 사업에 바로 반영할 만한 매우 귀중한 정보들을 잔뜩 얻을 것이다.

실제로 대화하기

만나지 않아도 대화가 가능한 요즘에는 직접 얼굴을 맞대고 하는 대화가 대단한 일처럼 느껴진다. 이 방법은 아주 단순하며, 두 번째 방법과 비슷한 측면도 있다. 10명의 사람을 찾은 다음 15분만 할애해 당신의 전공이나 관심 분야에 관해 그들이 가진 문제나 요구 사항을 이야기해 달라고 부탁한다.

구독자 이메일 목록이 20만으로 늘어난 지금도 나는 매달 새로운 구독자 10명 이상과 대화를 나눈다. 이메일 목록에서 10명을 무작위로 선정한 뒤 쪽지를 보내 15분간 영상 통화로 요새 어떤 일을 겪고 있는지, 내가 도울 방법이 있는지에 관해 대화를 나눌 수 있냐고 묻는다.

막 사업을 시작한 경우에는 팬이나 구독자가 많지 않을 것이다. 하지만 이는 문제가 아니다. 이 방법의 장점은 이메일 목록이 없어도, 팔로워가 많지 않아도 실천할 수 있다는 데 있다. 모임이나 행사에서, 혹은 페이스북이나 링크트인 그룹에서 사람들을 찾은 다음 그들에게 화상 회의, 전화, 직접 대화를 청해보자.

한 번의 대화만으로도 많은 것을 얻을 수 있다. 누군가와 직접 이야기를 나누면, 그들이 사용하는 단어를 듣는 것뿐 아니라 거기에 수반되는 감정도 느낄 수 있다. 온라인에서는 놓치기 쉬운 감정까지 말이다. 이는 그들과 더 깊이 있는 유대, 이해를 가능하게 하며 그들을 위해 더 나은 콘텐츠, 제품, 서비스를 만드는 데 도움이 된다.

표적 청중이 겪고 있는 문제에 관해, 그중에서도 그들이 자신의 문제를 이야기하는 방식에 관해 배운다면, 당신은 사업을 하는 내내 청중과 진정성 있게, 효과적으로 유대를 맺게 될 것이다. 잘 맞는 가사를 만드는 일의 중요성을 이해했으니, 다음 장에서는 '가수(바로 당신)'에 대해서 생각을 시작해야 하는 이유, 당신의 이야기, 개성, 관심을 가사에 담아 다른 대상과 차별화할 방법을 설명할 생각이다.

당신의 청중이 사용하는 언어, 특히 불만이나 요구 사항을 말하는 방식에 관해 배우고 그에 따른 조치를 취해보자.

STEP 1

앞에서 설명한 1개 이상의 방법을 사용해 청중이 자신이 겪고 있는 일을 묘사할 때 사용하는 핵심 표현 5개를 찾는다. 방법 1에 방법 2, 방법 3을 조합하는 등 적어도 2개 이상을 시도해야 유용하다.

STEP 2

핵심 표현 5개를 찾았다면, 이메일이나 소셜미디어, 포스트, 블로그에 글을 써본다. 1단계에서 확인한 언어를 적용한 후 이메일을 보내거나 글을 포스팅해서 청중의 반응을 살펴보자.

LET'S GO DEEPER

슈퍼팬 동반자 코스에서 이 연습을 실제로 보여주는 짧은 영상과 검색 결과를 추적하는 데 유용할 만한 스프레드시트를 찾을 수 있다.

2장
얼음이 깨지는 순간

2010년 나는 생전 처음으로 콘퍼런스에 참석했다. 네바다 라스베이거스에서 열린 블로그 월드 엑스포^{Blog World Expo}였다. 나는 약 2년 동안 집에서만 블로그를 운영했다. 이제는 세상으로 나가 다른 사람을 직접 만나야 할 때라는 생각이 들었다. 내 안의 내성적인 나는 굳이 그럴 필요가 있느냐고 이의를 제기했지만 말이다. 나는 집 안이라는 물리적 공간과 직접 얼굴을 맞댈 필요 없이 키보드로도 가능한 상호작용에서 편안함을 느꼈다. 그렇지만 또 한편으로는 이 콘퍼런스에서 얻을 수 있는 잠재적 가치를 알고 있었기에 티켓을 구입했다. 행사 전날 샌디에이고에서 차를 몰아 라스베이거스까지 갔다.

새로운 일을 시도하기 전의 내가 늘 그렇듯이 도중에 갖가지 의구심이 들었다. 이 행사가 나에게 얼마나 유익할지 100퍼센트 확신

하지 못한 상태였다. 프레젠테이션 주제에 관해 질문할 수 있을까? 거기에서 더 나아가 새로운 사람들과 관계를 맺을 수 있을까? 사람이야 많겠지만(수천 명) 그중에서 정말 관계를 맺고 지속할 만한 사람들을 찾을 수 있을까? 내가 과연 그런 일을 할 수 있을까?

다음 날 아침 기조 연설 직전 나는 명찰에 적힌 이름 외에는 아는 것이 없는 사람들에 둘러싸여, 아무 좌석에 자리를 잡고 앉아 있었다. 대화를 시작하는 것이 너무나 두렵게 느껴졌다. 고맙게도 오른쪽에 앉은 남자가 손을 내밀며 악수를 청했다. "안녕하세요, 팻. 저는 데이브라고 합니다. 어떤 블로그를 운영하고 계세요?"

솔직히 이 남자의 이름이 실제로 데이브였는지는 확실히 기억나지 않는다. 잠깐 서로를 소개하고 나자 주변의 모든 사람이 일어나 자기소개를 시작했기 때문이다. 짐(어쩌면 짐이 아닐지도)도 있었고, 데이나(어쩌면 데이나가 아닐지도)도 있었고, 리처드(어쩌면 리처드가 아닐지도)도 있었다. 대화는 매번 똑같았다. "안녕하세요. 반갑습니다. 저는 (…) 블로그를 운영해요. (…) 출신이고요. 이런 콘퍼런스에 참석해 본 적이 있으세요?"

내 뒤에는 해리스가 있었다. 해리스의 이름은 확실히 해리스다. 나는 그날의 해리스를 정확히 기억한다. 대화가 이런 식으로 진행되었기 때문이다. "안녕하세요, 팻. 저는 해리스라고 해요. 아내와 아이들을 집에 두고 저 혼자 여기에 왔어요. 당신은 어떤가요?"

특이한 시작이었다. 하지만 더 흥미로운 것은 내 대답이었다. "안녕하세요, 해리스. 반갑습니다. 재미있네요. 제 아내는 1살짜리 아이와 여기 와 있어요. 호텔 방에 남아 있죠."

얼음이 깨지는 순간이었다. 얼음이란 앞서 나누었던 어색한 자기소개를 의미한다. 우리는 집에서 아이들과 함께 지내며 블로그를 운영하는 일에 관한 대화를 잠깐 나눴다. 그에게는 다섯 살, 두 살 난 아이가 있었다. 나는 그의 두 살짜리 아이에 관해 질문을 던졌다. 그 아이는 내 아들과 나이가 비슷했고, 나는 '부모가 된다는 것이 무엇인지에 대해서 아는 것이 거의 없는' 상태였기 때문이다.

마침내 기조 연설이 시작되었고 우리는 각자의 자리로 돌아갔다. 무대에 섰던 사람이 누구였는지, 연설 주제가 무엇이었는지는 기억이 나지 않는다. 하지만 프레젠테이션이 끝난 후 해리스와 나는 점심을 먹으며 대화를 계속하기로 했다. 식사를 하면서 나는 그가 테크 블로그를 운영한다는 사실을 알게 되었고, 그가 가진 재미있는 계획에 관해서도 들었다. 그는 이제 블로그를 운영하지 않는다. 하지만 우리는 여전히 친구고, 지금까지도 소셜미디어로 연락을 주고받는다.

어떤 일이 일어났던 것일까? 해리스를 만나기 전에 이미 여러 사람과 자기소개를 하고 대화를 나누었는데, 나는 왜 하필 해리스와 인연을 맺게 되었을까? 그의 강한 악수 때문도 아니었고 그가 내민 화려한 명함 때문도 아니었다. 그가 남다르게 대화를 시작했기 때문도 아니었다. 우리는 서로에게 끌렸다. 아이라는, 함께 이야기할 공통 주제가 있었기 때문이다.

예비 신랑 신부가 결혼식에서 하객 자리를 배치할 때, 손님을 마구잡이로 앉힌다? 있을 수 없는 일이다. 주최자들은 조금이라도 관계가 있는 사람들끼리 앉도록 주의 깊게 자리를 배치한다. 고등학교 친구들은 모두 같은 테이블에 앉힌다. 대학 테니스팀도 같이 자리하게 한다(이들 테이블은 좀 뒤로 보내야 소란스러운 순간을 피할 수 있다). 아이들이나 청소년들도 한 테이블에 앉힌다. 관계가 있고 공통점이 있는 사람과 있으면 훨씬 즐겁게 시간을 보내기 마련이다.

브랜드를 운영하거나 사업을 하다 보면, 늘 만나본 적 없는 새로운 사람과 대화하게 된다. 그들은 당신의 비디오를 보고, 당신의 팟캐스트를 듣고, 당신 블로그를 읽고, 당신 트윗과 포스트를 본다. 그 콘텐츠가 그들의 의문에 답을 주고, 그 답이 가치가 있다면, 그들은 당신의 일을 따라오기 시작한다. 콘텐츠에 청중을 연관시킬 수 있는 요소를 집어넣고 개성을 가미해 주면 청중은 당신의 일뿐 아니라 당신 자체를 뒤따르게 된다.

이렇게 해서 당신은 청중과 진정한 신뢰 관계를 형성하기 시작하고 방문객을 구독자로 만들 수 있다. 당신이 연결점을 제시하면 사람들은 "나도 그거 참 좋아하는데!"라고 말할 기회를 갖는다. 그리고 그들은 자신들의 마음속에 있는 것과 당신을 연결시킨다. 그들은 자신이 좋아하는 것과 당신 사이에 연결고리를 만든다. 이것이 '공감의 연계association of appreciation'다.

이런 연계를 만들기 위해서는 비즈니스에서도 '얼음 깨기'라고 부르는 일을 바로 시행해야 한다. 틈새에서 벗어나는 것은 물론, 더 사적인 영역에서 당신과 당신의 삶을 편안하게 드러내야 한다. 그렇게 해야 청중이 브랜드 뒤에 있는 사람에게 주목할 수 있다. 당신은 청중과의 의미 있는 연결이 가능해진다. 내 친구인 유프러너닷컴$^{Youpreneur.com}$의 크리스 더커$^{Chris Ducker}$는 청중과의 관계에 관해 이렇게 말한다. "이것은 B2B$^{Business\ to\ Business}$, B2C$^{Business\ to\ Customer}$가 아닙니다. 그것은 P2P$^{People\ to\ People}$, 즉 사람과 사람 사이의 관계에 대한 것입니다." 사람들은 일을 함께할, 투자할 사람을 선택한다. 그렇게 하지 않으면 당신의 사업은 잠재력을 펼칠 수 없다. 예외는 없다.

재미있는 사실 하나가 있다. 크리스와 나는 2010년 내가 해리스를 만났던 그 행사에서 만났다. 나는 그 행사 전에 그의 회사 버추얼 스태프파인더닷컴$^{VirtualStaffFinder.com}$을 통해 내 가상 비서를 찾았던 경험이 있었다. 게다가 점심 식사를 하다가 우리 모두 필리핀 여성과 결혼을 했으며, 비슷한 나이의 아들이 있다는 사실을 알았다! 금방 유대가 형성되었고 콘퍼런스 기간 동안 어울려 다녔다. 크리스와 나는 지금까지도 형제처럼 지내고 있다. 나보다 나이는 훨씬 많지만, 많은 시간을 함께하고 싶은 멋진 형이다.

그럼, 이제 얼음 깨기로 돌아가 보자. 얼음 깨기의 비결은 무엇일까? 실제로 어떻게 실행할 수 있을까? 가장 쉽고 빠른 비결은 친구들과 나눌 만한 내 이야기를 공유하는 것이다. 당신이 좋은 책을 읽고 있다고 생각해 보자. 친구에게 권할 만한 책인가? 친구에게 그 책을 권할 거라면, 청중에게도 똑같이 하면 된다. 로스코 치킨 앤드 와플$^{Roscoe's\ Chicken\ and\ Waffles}$에서 근사한 아침 식사를 했다. 친구에게 권할 만한 식사였나? 친구들에게 추천할 만하다면 청중에게도 권하면 된다. 친구에게 권할 만한 일이 아니라면 청중에게도 권하지 않는 게 좋다. 농구 게임을 보고 있다가 당신이 응원하는 팀이 우승해 열광했다면, 당신은 그 경험을 친구들과 공유하는가? 그렇다면 청중에게도 공유할 만한 주제라고 생각할 수 있다.

눈 뜨고 있는 모든 순간을 공유할 필요는 없다. 왜? 친구가 당신의 일상 모두를 알고 싶어 하진 않을 테니까. 그런 것들을 제외하더라도, 브랜드 뒤에 있는 당신이 어떤 사람인지 느끼게 해주고 싶다면 그 내용을 공유해 보자. 공유할 수 있는, 공유해야 할 것들은 여전히 많이 있다.

거리낌이 없다면 사소한 사생활도 공유할 수 있다. 매체는 소셜미디어일 수도, 유튜브 동영상이 될 수도 있다. 프레젠테이션에 사적인 이야기를 가미하는 것도 인상을 깊게 남기는 좋은 방법이다.

얼음 깨기에서 내가 자주 사용하는 방법은 내가 이미 하고 있는 일이나 가르치고 있는 주제에 개성을 주입하는 것이다. 예를 들어 블로그에서 자기계발 강의를 포스팅하고 있다면 블로그 포스트를 "자기계발에 관해 알아야 할 10가지" 대신 "해리 포터가 자기계발에 관해 가르쳐 줄 수 있는 10가지"라고 만들고, 해리 포터에 관해 당신이 갖고 있는 관심과 애정을 이용한다. 개성을 활용해 그 문제를 좀 더 흥미롭게 느끼도록 만드는 것이다. 청중 모두가 해리 포터를 좋아할까? 그렇지는 않다. 그러나 좋아하는 사람들이라면 그 말에 이끌려 당신이 가르치는 주제에 관심을 갖게 될 것이다. 그럼 나머지 사람들은? 그들이 떠나게 될까? 보통은 그렇지 않다. 자기가 좋아하지 않는 어떤 것을 당신이 좋아한다고 해서, 친구가 당신과 절교를 할까? 그렇지 않다. 그렇다면 잃을 것이 없지 않은가! 계속해서 가치를 부가하기만 한다면, "다른 사람들과 똑같다"는 소리를 듣지 않고도 새로운 사람들과 많은 유대를 형성할 수 있다.

비디오 소프트웨어 회사 위스티아^{Wistia}는 레니^{Lenny}에 대한 모든 것을 스스럼없이 공개한다. 레니가 누구길래? 레니는 몸무게 24킬로의 붉은색 래브라두들^{Labradoodle}(래브라도레트리버와 푸들을 교배한 개─옮긴이)로 회사의 비공식 마스코트다. 그는 회사의 회의에도 참석한다. 위스티아는 심지어 2016년엔 스타트펍: 개와 함께하는 스타트업 경진 대회^{StartPup: A Competition for Startups with Dogs}를 개최했다. 털북숭이 친구들에게 가진 애정을 공유하는, 세계의 다른 스타트업 사람들과 '얼음 깨기'를 하려는 의도였다. 위스티아의 사람들은 개를 좋아하며, 그것을 드러내는 데 거리낌이 없다. 청중 중에 개를 좋아하는 사람들이 이를 보고 자신들에게 더 호감을 느끼리라는 것을 알기 때문이다.

이번엔 좀 진지한 이야기를 해볼까 한다. 온라인 비즈니스계에서 내가 대단히 존경하는 분이 있다. 바로 샬렌 존슨^{Chalene Johnson}이다. 그녀는 피트니스 분야의 뛰어난 기업가다. 그녀는 몇 년 전 페이스북 비디오를 통해 자신의 결혼 생활과 관련된 문제를 털어놓았다. 공격받기 좋은 소재였지만, 사람들은 등을 돌리기보다 오히려 자신의 약점을 솔직하게 드러낸 그녀에게 박수를 보내고 그녀의 솔직함에 고마워했다. 그녀는 많은 청중을 가진 사업을 하면서도, 인간적이고 약한 모습을 노출하는 것이 강력한 힘을 가질 수 있음을 보여주었다.

다른 사람과 공유하고 유대를 형성하는 공간을 만들어 청중을 초대하는 단순한 일도 얼음 깨기 역할을 한다. 소셜미디어 기업 버퍼Buffer는 4년 동안 주간 버퍼 챗Buffer chat(해시태그 #bufferchat)을 이용해 브랜드와 커뮤니티 사이의 일대다 커뮤니케이션을 진행했다. 2016년 회사의 공식 블로그에 올라온 표현대로 #bufferchat은 '커뮤니티가 함께 모여 서로 만나고, 서로에게서 배움을 얻는 장소'로 설계되었다. 버퍼는 2018년에 챗을 중단했지만, 많은 챗이 400명 이상의 참가자를 모으며 엄청난 성공을 기록했다.

당신이 꺼내 보여주는 것에 따라 유인되는 사람도 달라진다는 점을 명심해야 한다. 얼음을 깨기로 결정했다면 진정성 있게 임해야 한다. 본질적으로 다른 사람이나 다른 존재인 척하면, 비난을 당할 뿐 아니라 원치 않는 유형의 사람들을 끌어들인다. 좋은 차나 집을 빌려(빌렸다는 말은 생략한 채) 인스타그램에 사진을 올리면서 돈이 많거나 유명한 척할 경우, 화려한 것에 끌리는 사람들을 불러 모을 수 있다. 이 경우 사람들은 진정한 당신의 모습이 아닌, 갖고 싶은 좋은 차나 물건에 끌려 당신을 팔로우할 가능성이 있다.

2010년 팟캐스트를 시작하기 전, 나는 프로그램에 인간미를 가미해 사람들과 진정한 유대를 형성할 아이디어를 떠올렸다. 도입 부분에 해설자가 나에 관한 10초짜리 재미있는 사실을 읽어주는 것이었다. 프로그램을 시작할 때마다 말이다. 이미 팟캐스트를 하고 있는 친구들에게 이 아이디어를 이야기했다. 일반적인 반응을 취합하면 대략 이런 식이었다. "팻, 그런 끔찍한 아이디어는 들어본 적도 없어. 왜 사람들의 시간을 낭비하려고 해? 왜 해설자한테 돈을 줘가면서 그런 걸 하려는 거야? 청취자들이 원하는 것은 자신이 바라는 콘텐츠, 그것뿐이라고."

나는 친구들과 멘토들의 조언에 큰 가치를 둔다. 내 사업의 대부분은 그들과 그들의 피드백을 통해 이루어졌다. 하지만 때로는 직감을 믿어야 할 때가 있다. 이때가 바로 그런 경우였다. 나는 한번 시도해 보고 어떤 일이 일어나는지 관찰하기로 마음먹었다. 팟캐스트 다운로드 수가 5,500만을 넘어섰다. 그러자 질색하는 반응을 보였던 사람들이 이렇게 말했다. "팻, 넌 천재야."

하지만 나는 천재가 아니다. 다만 사람들이 나를 친구처럼 느끼고 싶어 한다는 것을 알고 있었을 뿐이다. 친구들이라면 서로에 대해 어떤 것을 알고 있을까? 단순히 알고 있다는 점에서 특별함이 느껴지는 사실들이 있다. 요즘 콘퍼런스에 가면 먼저 다가와 오랫동안 알아왔던 친구처럼 이야기하는 팬들을 만난다. 가끔은 상대의 이름을 물어봐야 한다는 사실을 상기해야 한다. 이름조차 묻지 못한 채로 대화에 너무 깊이 빠져들 때가 많기 때문이다.

마칭 밴드marching band에서 활동한 경험이 있는 내 프로그램 청취자를 만나면 우리는 밴드를 했던 얼간이 고등학생 때로 돌아가 옛이야기를 끝도 없이 늘어놓는다. 나는 방송에서 필리핀 혈통이 섞여 있다고 이야기한 적이 있다. 필리핀 사람들은 나를 만나면 항상 그 이야기를 가장 먼저 꺼낸다. 처음 만난 자리에서 나를 "큰 아기"라고 부르는 사람을 만난 적도 있다. 내가 큰 아기라는 것이 아니라(때때로 큰 아기처럼 철없이 군다고 말하고 싶은 사람도 있겠지만), 한 에피소드에서 내가 5.2킬로그램으로 태어났다는 이야기를 했던 데다가 나를 큰 아기라고 부른 사람 역시 큰 아기를 낳았기 때문이었다. 그녀는 그 이야기를 통해서 나와 자신을 연결시켰던 것이다.

하지만 이 전략을 내 사업 분야 밖에까지 알려지게 만든 가장 큰 요인은 나, 팻 플린과 영원한 명작 〈백 투 더 퓨처〉의 깊은 관계다. 나는 이 영화를 심각하게 좋아한다. 내게 어떤 식으로든 도움을 받은 사람은 대부분 〈백 투 더 퓨처〉와 관련된 선물을 보낸다.

내 팬들이 얼마나 대단한지(물론 그들은 최고 중의 최고다!) 자랑하기 위해서 이 이야기를 꺼낸 것은 아니다. 당신에 관해 하나둘 알기 시작하면 사람들은 그것에 끌린다는 사실을 보여주기 위해서다. 물론 모두가 〈백 투 더 퓨처〉를 좋아하는 것은 아니지만 사람들은 내가 〈백 투 더 퓨처〉를 좋아한다는 사실을 안다. 친구에 관해 알아가는 것처럼 나에 관해 알게 되는 것이다.

자연스럽게 나는 〈백 투 더 퓨처〉에 가진 애정을 내 콘텐츠에, 특히 대규모 콘퍼런스에서 하는 강연에 주입하곤 한다. 기조 연설은 자신의 모습을 메시지에 결합시킬 수 있는 매우 좋은 매개체다. 2015년 나는 라스베이거스 뉴 미디어 엑스포NMX, New Media Expo에서 기조연설을 했다. 무대에 오르기 전 청중은 내가 〈백 투 더 퓨처〉를 주제로 만든 짧은 영상을 관람했다. 뒤이어 나는 〈백 투 더 퓨처〉에 나오는 드로리언을 몰고 무대에 등장했다. 드로리언은 그 영화에서 나오는 시간 여행 자동차의 이름이다. 프레젠테이션의 주제가 '브랜드의 미래를 보장하는 방법'이었던 것처럼, 드로리언을 몰고 나타난 행동 역시 브랜드의 미래를 보장하는 방법이다. 〈백 투 더 퓨처〉라는 테마는 '브랜드의 미래 경쟁력'이라는 프레젠테이션 주제를 지지하는 동시에 내 개성의 많은 부분을 주입하는 내 나름의 방식이었다. 마침 그때는 영화 〈백 투 더 퓨처〉가 처음으로 나온 지 30년이 되는 해이기도 했다. 그래서 그 이벤트는 더 특별해졌다. 그 후로, 내 청중은 나를 〈백 투 더 퓨처〉와 연관시킨다. 이렇게 말이다.

드럼레슨LA ✓

안녕하세요, 팻! 방금 〈사운드트랙 쇼The Soundtrack Show〉에서 〈백 투 더 퓨처〉 음악에 관한 근사한 팟캐스트를 방송했어요.

〈백 투 더 퓨처〉

에스테반 ✓

영화 〈백 투 더 퓨처〉를 무척이나 좋아하는 내 친구 팻 플린(메가 블로거)에게 보내는 작은 선물. 그는…

팻 플린 ✓

부활절입니다, 여러분!

밀레니얼뮤지션 ✓

기쁜 부활절 입니다! 〈백 투 더 퓨처〉와 부활절을 이용해서 말장난을 하고 싶은데 아이디어가 떠오르질 않네요.

애덤 ✓

이것 좀 보세요!^^

"테슬라가 최신 소프트웨어에 〈백 투 더 퓨처〉 이스트 에그를 숨겨놓았다.

　반응이 아주 뜨겁지 않은가? 뉴스에서 〈백 투 더 퓨처〉가 언급되
거나, 길에서 드로리언을 우연히 목격하면 내 청중은 나를 떠올린
다. 지금부터 당신도 그럴 것이다. 이제 얼음 깨기가 어떻게 작동하
는지 감이 잡히는가? 이것은 대단히 강력한 방법이다. 그리고 보다
인간적인 방법이기도 하다.

　이제 작사법과 얼음 깨기에 관해 배웠으니 본격적으로 청중에게
그들이 기대하는 것을 줄 시간이다. 진심을 다한 가치에 약간의 관
심과 애정을 곁들여 보자. 이제 쉽고 빠르게 얻을 수 있는 성과의 두
가지 힘과 이를 사용해 일회성 방문객을 단골로 만드는 방법을 배
워보기로 하자.

연습

해보지 않은 방식으로 나와 관련된 정보를 청중과 공유해 보자.

STEP 1
당신이 가장 좋아하는 소셜미디어에 짧은 포스팅을 발행해 보자. 당신의 팟캐스트나 동영상에 들어갈 몇 초 분량의 영상도 괜찮다. 거창하게 만들 필요는 없다.

STEP 2
자신의 목소리를 이용한다. 거리낌 없이 진행하되. 당신이 편하게 공유할 수 있는 수준을 넘기지 않도록 주의한다. 깊은 유대를 느끼는 일단의 청중들을 발견하게 될 것이다!

STEP 3
결과를 측정하려 하지 말자. 이것은 '좋아요' 수나 구독자를 늘리기 위한 계책이 아니다. 그저 나를 좀 더 드러내 인간적인 모습을 보여주려는 방법일 뿐이다.

LET'S GO DEEPER

영감을 줄 만한 사례들이 더 있다. 슈퍼팬 동반자 과정의 2장을 확인해 보라.

3장
작은 성과를 쉽고 빠르게

사업을 시작하기 전까지, 나는 내 자산 상황을 훤히 꿰고 있었다. 건축 일을 통해 벌어들인 돈을 정확히 나누어 사용했기 때문에 얼마만큼의 돈이 어디에 쓰였는지 센트 단위까지 알고 있었다. 내 연금 투자액은 서서히 불어나고 있었고, 나는 매주 일정 시간을 들여 40년 만기에 걸친 성장 계획을 점검했다. 65세에 완성되는 계획이었다.

나는 자산 관리에 관한 여러 블로그를 구독하면서 수입과 투자를 늘리기 위한 최선의 장기 전략을 계속 찾아 다녔다. 자산 관리에 대한 블로그는 수천 개가 있었다. 그중에서 몇몇 마음에 드는 블로그를 아침마다 읽었다. 나는 '천천히 부자되기GetRichSlowly.org', '쉬운 돈 이야기SimpleDollar.com', '인간 대 부채ManvsDebt.com' 등 10여 개 블로그의 열정적인 이웃이었다.

어느 날 회사에서 점심시간에, 라밋 세티^{Ramit Sethi}가 운영하는 자산 관리 분야 블로그 〈부자가 되는 법을 가르쳐 드립니다*I will Teach You to Be Rich*〉를 우연히 보게 되었다. 그의 이름과 블로그에 관해 들어보긴 했지만 제목이 마음에 들지 않아 이전까지는 읽어보지 않고 있었다. 나에게 부자가 되는 법을 가르쳐 주겠다고? 정말? 그 대신 나는 장기적이고 안전한 투자에 대한 온갖 전략들을 읽었다(고 생각했다).

우연히 다른 웹사이트에서 라밋의 새 글로 가는 링크를 발견해 눌러 보았다. '전화 한 통으로 10분 만에 수천 달러를 절약하는 방법'이라는 글이었다. 진짜일까 하는 의심이 들었다. 그런데 10분이라면… 10분 정도라면 시간을 할애해서 정말인지 확인해 볼 수 있지 않을까? 라밋의 제안은 이렇다.

❶ 케이블 TV 회사에 전화를 건다.
❷ 그가 준 대본을 따라 월 납입액을 낮추는 협상을 한다.
❸ 와, 이게 대체 얼마야!

점심시간 동안 나는 케이블 TV 회사에 전화를 걸어, 대본대로 이야기를 했다. 무슨 일이 일어났을까? 효과가 있었다! 단 10분 만에 월 납입액을 20퍼센트 절약할 수 있었다. 난 홀딱 반해버렸다. 라밋은 내가 가장 좋아하는 블로거가 되었다. 나는 그의 블로그 목록을 살핀 뒤 공개된 포스트를 모조리 읽었다. 그의 전자책도 다운로드했다. 이후 나는 그의 상품에 돈을 지불했다. 빠르게 얻은 작은 성과에 반해버렸기 때문이었다. 그것이 비결이다. 청중이 내 방법을 듣고 빠르게 작은 성과를 올리게 만들어야 한다.

찰스 두히그Charles Duhigg는 그의 책 《습관의 힘The Power of Habit》의 1개 장 전체를 '빠르게 작은 성과 얻기'를 다루는 데 할애했다. 그가 말하듯이, "작은 성과는 간단하다는 이점을 이용해 큰 성취가 손이 닿는 곳에 있다고 사람들을 설득하는 패턴을 만듦으로써 혁신적인 변화를 일으키도록 자극한다."

《아주 작은 습관의 힘Atomic Habits》에서 작가 제임스 클리어 James Clear는 일상에서 쉽게 효과를 볼 수 있는, 빠르게 얻는 작은 성과의 예를 자세히 들고 있다. 매일 조깅하는 습관을 만들려면 다음 날 운동할 때 입을 옷을 미리 준비해 둔다. 아침에 일어나서 옷을 찾는 일을 생각할 필요가 없어지면, 운동하게 될 가능성이 높아진다는 것이다.

우리는 청중을 위해 가능한 많은 일을 해주려 한다. 하지만 그들의 인생을 바꿔주고 싶다면 우선 그들의 하루를 바꾸는 일에서부터 시작해야 한다. 이처럼 빠르게 얻는 작은 성과는 생전 처음 방문한 사람을 구독자, 고객, 팬으로 바꾸어 놓을 수 있다. 지금부터는 빠르게 얻는 작은 성과로 큰 성과를 낸 기업들의 사례를 소개하려 한다.

전 세계적으로 인기를 모으고 있는 다중 플레이어 게임, '월드 오브 워크래프트World of Warcraft'는 블리자드가 만든 게임이다. 이 회사는 게임의 처음 5분 동안 엄청난 보상을 줌으로써 수백만 명의 사람들을 끌어들였다. 캐릭터를 선택하고 게임을 시작한 뒤 몇 개의 생물을 죽이고 보물 몇 가지를 찾으면, 경험치가 레벨 2로 올라간다. 이용자들에게는 새로운 능력이 생기고, 더 많은 무기를 이용할 수 있는 레벨 3으로 올라가야겠다는 의욕이 생긴다. 나는 대학 3학년 때 컴퓨터에서 이 게임을 지웠다. 다음 레벨로 올라가기 위해 잠도 자지 않고 48시간씩 게임을 했기 때문이다. 레벨 60의 마법사와 작별하는 것이 너무나 아쉬웠다.

빠르게 올리는 작은 성과를 이용해 이런 중독적인 게임을 만든 블리자드를 비난하려고 이 이야기를 꺼낸 것이 아니다. 사람들이 계속 게임을 하길 바라는 것은 그들에게 당연한 일이다. 당신도 블리자드의 방식대로 빠르고 작은 성과를 이용해서 당신의 슈퍼팬 부대를 만들 수 있다. 물론 치토스와 마운틴듀로 연명하며 날이 새는 것도 모르게 만들지는 않아야겠지만 말이다.

하우투포토그래프닷넷HowtoPhotograph.net의 왈리드 아자미Walid Azami라는 사람이 있다. 2018년 내가 애스크팻AskPat 팟캐스트에 초대하기도 했던 왈리드는 당시(물론 지금도!) 클라이언트들(머라이어 케리Mariah Carey, 마돈나Madonna, 카네이 웨스트Kanye West…)의 근사한 포트폴리오를 만들어 주기로 유명한 사진작가였다. 하지만 그는 자신이 몸담은 업계의 사람들이 서로를 끌어내리기 위해서 안간힘을 쓰는 것이 무척 마음에 들지 않았고, 일을 다른 방식으로 해보기로 마음먹었다. 그는 몰래 '@하우투포토그래프@HowtoPhotograph'라는 인스타그램 계정을 열었다. 왈리드는 이렇게 말했다. "팔로워가 하나도 없는 상태부터 열었죠. 사진작가들에게 조명, 구성, 사업적 조언, 고객과의 대화 및 협상 방법, 과열된 상황에서 빠져나오는 방법 등 작은 것들부터 차근차근 가르쳐 주기 시작했습니다." 팔로워는 계속해서 늘어나 엄청난 수가 되었다. 주된 이유는 그가 너그러운 마음을 가지고 동료 사진작가들이 매일 빠르게 작은 성과를 올리도록 도운 데에 있었다.

마지막으로 신규 사용자 적응 과정에도 이 기법이 사용된다. 많은 기업이 빠르게 얻는 작은 성과를 이용해 신규 사용자들의 불안감을 가라앉히고, 그들이 적극적인 자세로 도전에 임할 수 있게 돕는다. 사람들이 기타 프로그래밍 기술을 익힐 수 있도록 도와주는 다양한 강좌를 제공하는 코드아카데미^{codeacademy} 역시 이 방법을 이용한다. 완전히 익히기까지 긴 시간이 필요한, 복잡한 기술(코딩)을 접근하기 훨씬 쉽게 만드는 것이다. 처음 가입을 하면, 작은 미니 코딩 프로젝트를 시도해 보라는 초대 메일을 받는다. 30분이면 자바스크립트^{JavaScript} 언어를 사용해 대화형 애니메이션을 만들 수 있는 프로젝트다. 이 프로젝트는 재미뿐 아니라 코딩 마스터가 되겠다는 목표에 한 발 다가간 느낌까지 준다.

이게 전부가 아니다. 지금까지는 수박 겉핥기에 불과하다! 빠르게 얻는 작은 성과를 이용해 효과를 봤던 몇 가지 방법을 더 소개해 보겠다.

도전 과제를 부과한다

내 "이메일 100통^{100Email}" 도전(자세한 내용은 100emails. com에서 확인할 수 있다)은 100명의 이메일 구독자를 만들어 작은 성과를 쉽고 빠르게 얻도록 하는 방법이다. 왜 100명일까? 10만 명보다 실행 가능성이 훨씬 높기 때문이다. 접근법만 적절하다면 며칠 안으로 100명의 구독자를 얻을 수 있다. 이 도전이 효과가 있는 이유가 바로 여기에 있다. 이메일 100통 도전은 72시간 동안 구독자 0에서 100으로 가는 과정을 단계적으로 밟아나간다. 첫 10명의 구독자를 모으면 사람들은 '와, 나도 할 수 있구나! 이렇게 계속하면 되겠어!'라고 생각하게 된다. 목록의 규모가 아주 작을 때는 구독자가 한 명만 늘어도 그렇게 신이 날 수가 없다. 3일 동안의 시간 제한이 있는 도전은 선물 상자에 묶인 리본과 비슷하다. 사람들은 그동안 가졌던 긴장감과 흥분감 때문에 목표에 도달했을 때 그 보상을 더 크게 느낀다.

첫 이메일에 성과에 관한 가능성을 채운다

이렇게 만든 이메일 목록 속 사람들에게 이메일을 보내는 것이 첫 단계다. 첫 이메일은 대단히 중요하다. 사람들이 당신에게서 처음 받을 그 이메일에는 의미 있는 가치와 빠르게 얻는 성과(5분이내에 이룰 수 있는 것이라면 이상적)가 담겨 있어야 한다. 나는 오랫동안 첫 이메일을 통해 사람들에게 작은 성과를 빠르게 얻을 수 있는 방법을 조언해 왔다(변화를 주기는 했지만). 콘텐츠 크리에이터가 자신의 블로그, 팟캐스트, 유튜브 채널에서 다룰 주제를 찾아내는 데 도움을 주는, 아주 효과적인 조언이었다.

그 방법은 바로 온라인 도서 사이트로 가서 해당 주제에 관련된 책을 찾아보고, 무료로 공개된 책 소개 페이지에서 목차를 검토하는 것이다. 목차를 그대로 베끼라는 말이 아니다. 그것을 영감의 재료로 삼아 콘텐츠를 만들고 청중과 공유하라는 것이다. 예를 들어 플라이 낚시법에 관한 책을 찾아 목차를 살피면 매듭법을 다루는 장을 찾을 수 있다. 여기에서 영감을 얻어 블로그에 "10분 안에 플라이 낚시 매듭을 묶는 세 가지 방법"을 포스팅할 수 있다. 당신도 알게 되겠지만 이러한 방법을 이용하면 적절하고 관련성 높은 포스트를 만들 수 있다. 책에서 한 장을 할애할 정도로 중요한 주제를 택했기 때문이다.

이처럼 작은 성과를 빠르게 얻는 방법을 사람들과 공유한 결과, 많은 청중으로부터 아이디어를 얻는 데 필요한 조언이었다는, 도움을 주어 고맙다는 답장을 받을 수 있었다. 게다가 많은 사람이 내 다음 이메일을 기다리겠다고 했다.

시작 페이지를 빠르게 얻는 작은 성과들로 채운다

사람들이 뭔가를 하는 데에, 즉 기술을 배우고 사업을 구축하는 데에 도움을 주는 일을 하고 있는가? 그렇다면 사람들이 복잡한 절차 없이 단번에 일을 시작해서 빠르게 작은 성과를 얻을 수 있도록 기회를 주어야 한다. 가장 좋은 방법은 웹사이트의 '시작 페이지'를 이용하는 것이다. 당신 사업의 주된 일이 팟캐스팅을 돕는 것이라고 가정해 보자. 시작 페이지에 어떤 장비를 구매해야 하는지, 청취자를 어디에서 찾아야 하는지, 초반에 올릴 에피소드에서 다룰 내용은 어떻게 찾는지 등 자원과 정보를 가득 담아 그들이 작은 성과를 바로 얻게끔 만들어야 한다. 이 주옥같은 정보를 찾는 것 자체가 독자들에게는 바로 성과가 된다. 한곳에서 자신을 지원하는 많은 콘텐츠를 찾을 수 있다는 사실 자체만으로도, 청중은 새로운 여정을 계속할 의욕을 얻게 된다.

빠르게 얻는 작은 성과는 청중에게 5시간 지속되는 에너지(일명 '5-Hour 에너지') 주사를 놓아주는 것과 비슷하다. 당신의 이야기에 계속 귀를 기울이도록 동기를 부여함으로써(단, 카페인 과다 상태에 빠지지 않고) 슈퍼팬덤으로 가는 그들의 여정에 시동을 걸어주는 방법이다. 다음 장에서는 스토리텔링의 믿기 힘든 힘과, 두 가지 미래를 그려 비정기적 청중을 활발한 구독자가 되도록 자극하는 방법을 소개할 것이다.

연습 EXERCISE

청중에게 빠르게 얻는 작은 성과를 선사해 당신 말에 계속해서 귀를 기울이도록 만들어 보자.

STEP 1
당신의 브랜드를 인지한 청중이 처음으로 당신의 이야기를 듣게 될 모든 장소를 점검한다. 먼저 사람들이 당신의 이야기를 처음 접할 방법과 장소를 찾는다. 그들이 받을 첫 이메일이나 당신 웹사이트의 시작 페이지가 좋은 출발점이될 것이다.

STEP 2
자문한다. '내가 이 이메일(혹은 페이지)을 통해 사람들에게 제공하는 것이, 작은 성과를 빠르게 얻을 수 있게 만드는가? 그저 많은 정보를 쏟아붓기만 하는것은 아닌가?'

STEP 3
페이지나 이메일의 콘텐츠에서 사람들이 쉽게 성과를 얻을 방법을 브레인스토밍한다. 이메일이나 페이지에 이미 빠르게 작은 성과를 얻는 방법에 대한 안내가 담겨 있다면 그 성과를 더 크게 만들거나 더 빠르게 달성시킬 방법은 없는지 생각해본다.

LET'S GO DEEPER

이미 나는 팬들이 처음으로 '와우 모멘트wow moment'를 경험하게 만들고 영감을 얻도록 하기 위해(그리고 그대로 복제하도록 하기 위해) 빠른 성과를 다양하게 이용하고 있다. 더 상세한 사례들을 슈퍼팬 동반자 과정 3장에서 찾아볼 수 있다.

4장
드로리언 몰기

때는 2012년 여름, 셰인 샘스 $^{Shane\ Sams}$는 켄터키에 있는 집 앞마당에서 차량형 잔디깎이로 잔디를 깎고 있었다. 보통은 시간을 때우기 위해 음악을 들었지만 그날은 좀 다른 걸 하고 싶었다. 애플 ^{Apple} 팟캐스트 목록을 살피던 그는 우연히 내 팟캐스트를 발견하고 재생 버튼을 눌렀다. 잔디를 깎으며 듣던 팟캐스트에서 그의 호기심을 자극하는 이야기가 흘러나왔다. 그는 기계를 끄고 집으로 달려갔다. 주방으로 뛰어 들어가자 아내 조슬린 ^{Jocelyn}과 아들 이삭, 딸 애나가 있었다.

"조슬린, 이거 좀 들어봐요! 이건 우리 운명이야! 우리 삶은 이제 완전히 바뀔 거야!" 셰인은 흥분해서 숨도 쉬지 않고 말했다. "팻 플 린이라는 사람이 온라인에서 소득을 자동으로 올리는 시스템에 대해 이야기하고 있어요. 난 그게 무슨 뜻인지도 몰랐는데 엄청난 것이더라고요! 우리도 한번 해봐요!"

"뭐라고요?" 조슬린이 대답했다. "그런 건 어떻게 하는 건데요? 그런 일은 평범한 사람이 하는 게 아니에요. 운이 좋았거나 뭐 그랬을 걸요." 자극을 잔뜩 받았다가 풀이 죽은 셰인은 잔디를 마저 깎으러 밖으로 나갔다. 하지만 셰인과 조슬린의 이야기는 거기에서 끝나지 않았다. 실은 그것이 시작이었다.

타임머신은 아직 발명되지 않았다. 하지만 타임머신이 있다고 상상하는 것은 몹시 재미있다. 내가 〈백 투 더 퓨처〉의 슈퍼팬인 것도 그 때문이다. 물론 서사도 탄탄하고 등장인물도 매력적이지만, 무엇보다 내 마음을 사로잡은 것은 시간을 거슬러 여행한다는 아이디어였다. 이에 드로리언이라는 존재가 주는 재미도 빼놓을 수 없다.

시간 여행을 이용하면 사람들을 팬덤 피라미드의 비정기적 청중에서 활발한 구독자로 이동시킬 수 있다. 미래에 어떤 일이 벌어질지 관심이 전혀 없는 사람은 없다. 당신과 함께 어떤 행동을 취했을 때, 그 사람의 인생이 어떻게 될 수 있는지 보여주자. 당신이 그림을 자세히, 생생하게 그릴수록 그 사람이 그 일을 실천하고 팬이 될 가능성은 높아진다.

이 전략에는 두 가지 측면이 있다. 당신과 함께 행동을 취할 때 인생이 어떻게 펼쳐질지 그리는 것과, 당신과 함께 행동을 취하지 않았을 때 펼쳐질 미래를 그리는 것이다. 변화를 일으키지 않았을 때 펼쳐질 수 있는 미래와 함께 그리 오래지 않은 과거에 정확히 그들과 같은 위치에 있었지만, 당신의 도움으로 상황을 역전시킨 사람들의 이야기를 공유한다. 이렇게 하면 청중은 두 가지 잠재적 미래로 시간 여행을 떠날 수 있다.

무언가를 실행하지 않았을 때의 이야기부터 시작해 보자. 당신의 도움을 받지 않는 삶을 묘사하는 것이다. 그리 아름답지 않은 그림을 만들기 위해 우리는 가장 먼저 당신이 도와주려는 사람의 문제를 정확히 확인해야 한다. 문제에 관한 판단은 당신 몫이 아니다. 우리가 할 일은 그들의 문제를 있는 그대로 확인하고, 그 사람이 현실을 더 명확히 볼 수 있도록 도와야 한다.

메시지를 보다 효과적으로 전달하기 위해서는 그들이 겪을 수 있는 문제를 자세히 진술해야 한다. 듣는 사람이 행동을 취하지 않았을 때 어떤 일이 일어날지 더 확실하게 인식할 수 있도록 말이다. 실천하지 않았을 때 겪을 수 있는 부정적 경험, 이 때문에 그들이 포기해야 하는 모든 가능성, 목표에 이르지 못하면 생길 후회를 묘사하는 것도 하나의 방법이다. 사람들의 체중 감량을 돕고 있다면 비만인 사람의 미래, 즉 당뇨, 심장병, 병원비 등을 묘사할 수 있을 것이다. 핵심은 아주 상세한 그림을 그리는 것이다. 간단한 스케치가 아니라 생동감 넘치는 그림을 그려야 한다는 점을 명심하라.

부정적 가능성을 보여주는 그림은 청중의 주의를 끌고 그들을 자극해서 행동을 취하게 만들 수 있다. 이 부분에서는 청중의 문제와 욕구를 그들의 언어로 표현할 줄 아는 것이 대단히 중요하다. 하지만 정말 잊지 말아야 할 중요한 사항이 있다. 상대가 당신의 도움을 받지 않는다고 가정할 때, 그들의 두려움을 이용하지 않도록 주의를 기울여야 한다. 문제를 확대해 자세히 살피는 것과, 두려움이나 수치심 같은 감정을 이용해 사람들을 내 편으로 만드는 것은 종이 한 장 차이다. 당신의 힘을 현명하고 인간적인 방식으로 사용해야 한다.

이처럼 실행하지 않았을 경우의 미래, 즉 당신의 도움이 없을 때 일어날 일을 다루면 청중의 일부는 이것만으로도 자극을 받아 행동을 취한다. 그러나 그런 우울한 그림과 반대되는 그림까지 제시하면 더욱 효과적이다. 즉, 당신이 제공한 방법을 실행했을 경우의 이야기를 곁들이면 좋다.

문제를 명확하게 확인한 뒤 그 문제를 처리하지 않았을 때 펼쳐질 미래를 청중에게 보여주었다면, 해결된 뒤에는 어떤 모습일지도 알려주어야 한다. 이는 당신이 직접 문제를 해결한 이야기일 수도, 해법을 찾도록 고객을 도운 이야기일 수도 있다.

알다시피 청중은 당신의 제품이나 서비스를 사는 것이 아니다. 그들은 제품이나 서비스가 자신에게 가져다줄 변화를 구매한다. 그들의 삶을 바꿀 방법, 즉 해법을 사는 것이다. 따라서 당신은 그 해법이 어떻게 효과를 내는지 설득력 있게 이야기해 주어야 한다.

어떻게 설명해야 유효할까? 혁신적인 변화의 사례, 실제에 적용할 만한 당신만의 해법을 보여주어야 한다. 사람들에게 실제 삶에서 일어나는 변화를 보여줘야 한다. 당신이 제시한 해법이 누군가에게,

어떻게 직접적이고 긍정적인 변화를 일으켰는지 생생하게 그려낼 수 있어야 한다.

이때 청중(혹은 고객)과 당신의 과거 경험을 매우 유용하게 사용할 수 있다. 혁신적인 변화를 그리는 최고의 방법은 증언을 이용하는 것이다. 단순히 따라 하거나 제품을 썼을 때 일어날 일을 말하는 것과, 이전에 그들과 다를 바가 없었던 사람이 지금 얼마나 좋아졌는지 보여주며 가치를 증명하는 것에는 큰 차이가 있다. 증거는 대단히 강한 힘을 갖는다. 또 직접 변혁의 과정을 이야기하는 것보다 훨씬 수월하다.

그럼 샘스 부부의 이야기로 다시 돌아가 보자. 셰인은 2012년 잔디를 깎던 날부터 SPI 팟캐스트를 계속 들었고 결국 긴 시간에 걸쳐 목록에 있는 모든 에피소드를 들었다. 다음 2년 동안 그와 조슬린은 SPI에서 배운 것을 이용해서 자기 자신을 행운아로 탈바꿈했다. 그들은 각자 온라인에서 자신이 아는 것을 가르치기 시작했다. 셰인은 풋볼 코치들에게 새로운 플레이를 가르쳤고 조슬린은 사서들을 도왔다. 잔디를 깎던 날로부터 몇 년이 흐른 뒤 그들은 자신들의 팟캐스트를 시작하고 '플립트 라이프스타일 Flipped Lifestyle'이라는 온라인 사업을 구축했다. 이 사업을 통해 그들은 직장을 그만두고, 다른 수천 명의 사람들이 자신의 사업 기반을 닦는 일을 돕도록 만들었다.

이것이 시간 여행, 드로리언, 실행하는 것 그리고 실행하지 않는 것과 무슨 관계가 있을까? 셰인과 조슬린은 2014년 SPI 팟캐스트의

122회 에피소드에 출연해, 켄터키 집 앞마당에서의 순간부터 시작된 자신들의 온라인 비즈니스에 대한 이야기를 전했다. 그들의 성공담은 너무나 대단했기에, 나는 몇 년 후 SPI 팟캐스트에 그들을 다시 한번 초대했다.

하지만 그들의 첫 번째 에피소드는 특별한 의미를 지닌다. 누군가의 조언을 따라 실행하기로 마음먹고, 큰 효과를 발휘하게 만든 경이로운 사례였기 때문이다. 그들이 처음 출연한 에피소드는 내 팟캐스트에서 가장 많이 공유된 에피소드가 되었다. 팀 페리스^{Tim Ferriss}와 게리 바이너척^{Gary Vaynerchuk}과 같은 유명인들이 출연해 자신의 놀랍고 고무적인 이야기들을 잔뜩 들려준 에피소드들보다 더 많이. 왜까? 켄터키 출신의 평범한 두 사람은 팀이나 게리 같은 거물들보다 내 청중과 처지가 더 가깝고 비슷하다(그리고 그들만큼이나 대단하다). 이 때문에 그들의 증언이 더 비중 있게 들리는 것이다. 샘스 부부의 스토리를 들으면서 사람들은 그들에게서 자신과의 공통점을 찾는다. 그들은 셰인과 조슬린을 아는 사람처럼 느낀다. 셰인과 조슬린이 얼마 전까지는 그들과 똑같았기 때문이다.

드로리언을 모는 사람이든, 잔디 깎이를 모는 사람이든 비정기적 청중을 활발한 구독자로 만들고 싶다면 그들을 시사회로 이끌어야 한다. 당신의 도움을 이용했을 때와 그렇지 않았을 때, 가능한 두 가지의 미래를 보여주는 자리로 말이다. 이제 마지막으로 악수라는 단순한 행동이 당신의 브랜드에 중립적 태도를 보이는 사람을 어떻게 자극하는지 이야기할 것이다.

청중에게서 긍정적인 변혁의 스토리를 수집해 보자.

STEP 1

당신이 가르치는 것(혹은 제공하는 것)이 사람들의 삶이나 사업(혹은 둘 다)을 변화시킨 사례들을 다섯 가지 이상 수집한다. 사람들에게 비포(당신에게 배우기 전 혹은 당신과 일하기 전 그들이 어떤 모습이었는지), 애프터(당신의 도움 이후의 삶이 어떤 모습인지), 그리고 만약 당신의 충고를 따르지 않았다면 어떤 모습이었을지에 대해서 말해달라고 청한다.

STEP 2

이 이야기들을 당신이 청중과 공유하는 메시지에 통합시킨다. 이를 공유할 수 있는 다섯 가지 구체적인 방법을 생각한다. 블로그의 글이 될 수도 있고, 내가 샘즈 부부 이야기를 공유한 것처럼 팟캐스트 에피소드를 이용할 수도 있다. 좀 더 빠른 반응을 보고 싶다면(그래서 당신도 작은 성과를 빠르게 얻고 싶다면), 페이스북이나 인스타그램에 이를 상세하게 다루는 글을 포스팅한다.

5장
악수로 화답하기

몇 년 전 한 콘퍼런스에서 기조연설을 하러 무대로 향하던 때였다. 나는 등장하기 전, 걷다가 계단에서 넘어졌다. 하지만 그것은 사고가 아니었다. 나는 먼지를 털어내고 무대로 계속 나가는 대신 넘어지기 전으로 돌아갔다. 뒷걸음질을 하고는 잠깐 멈추었다가 무대로 다시 걸어갔다. 이번에는 실수 없이 말이다. 무대에 선 나는 멀쩡했고 기조연설에 대한 흥분감도 그대로였다.

내가 잠깐 이런 연기를 시도한 데에는 이유가 있었다. '사업에서는 첫인상을 선보일 기회가 단 한 번 주어진다.' 이 말은 상투적으로 들릴 수도 있겠지만 분명한 사실이다. 처음으로 당신을 발견한 비정기적 청중의 경우도 마찬가지다. 그 사람이 더 나은 곳을 찾아 떠나기 전에 그 사람을 반갑게 맞이할, 그 사람과 유대를 형성할 기회는 단 한 번뿐이다. 누군가 당신(혹은 당신의 브랜드)에게 인사를 건넸을 때, 말을 더듬으며 실수하는 것과 인사를 받으려는 시도도 하지 않는 것은 하늘과 땅 차이다.

악수를 떠올려 보자. 악수는 정말 간단한 몸짓이지만 어떤 나라나 문화에서도 다 통하는 인사법이다. 악수는 인간의 보편적인 인사에 가장 가까운 행위일 것이다. 당신이 누군가를 처음으로 만났다고 가정해 보자. 그들에게 다가가서 손을 내밀었는데, 상대방은 그 자리에 서서 주머니에 손을 넣고 당신을 멀뚱멀뚱 쳐다본다면? 기분이 어떻겠는가?

실제 손을 내밀어 악수를 제안하는 것 말고, 어떤 사람이 당신의 페이스북 페이지에 와서 어떤 포스팅에 관해 질문했다고 상상해 보자. 아무 반응 없이 며칠씩 답이 달리지 않는다면? 당신이 이 상호작용(아직까지는 일방적인)의 상대방이라면 어떨까? 결국 질문한 사람은 더 이상 기대를 걸지 않고 등을 돌릴 것이다. 이는 기회 하나를 잃은 것이며, 잠재적 슈퍼팬을 한 명 잃은 것이기도 하다.

비즈니스를 할 땐 어느 한 사람도 내버려 두어서는 안 된다. 모두에게 답을 해야 한다. 그 질문이 당신 브랜드와 상대의 첫 상호작용일 때는 특히 더 그렇다. 당신과 처음 만난 사람이 내민 손은 그들과 좋은 관계를 형성할지, 기회가 있을 때마다 당신 험담을 하고 싶은 사이가 될지를 가른다.

불행히도, 온라인에서 악수를 청하는 가상의 손은 대체로 아무 반응을 얻지 못하는 경우가 많다. 하지만 온라인 사업 초기 나는 모든 악수에 보답하는 것으로 사업을 키웠다. 모든 이메일, 페이스북 댓글, 트윗에 정성껏 답을 했다. 나는 모든 청중에게 내가 그들을 환영하며, 감사의 마음을 갖고 있다는 것을 알게 해주고 싶었다. 수년 동안 나와 함께한 사람이든, 그날 우연히 나를 처음 만나게 된 사람이든 똑같이 말이다. 하지만 브랜드가 커지고 바빠지면서 이 일이 점점 힘들어졌다. 받은 메일함에는 읽지 않은 메일이 1만 통씩 쌓이곤 했다. 계속해서 도착하는 새로운 이메일은 내가 답을 할 수 없는 사람이 얼마나 많은지를 끊임없이 상기시켰다. 또한 내가 실망시키고 있는 사람들을 생각하게 만들었다. 그 메시지에 답하지 못하는 내 무능력 때문에, 얼마나 많은 잠재적 슈퍼팬을 잃었는지 모른다.

다행히도, 답장에 도움을 줄 시스템을 만들어야겠다는 생각이 바로 들었다. 2014년 나는 제시라는 친구를 조수로 고용해서 받은 메일함의 관리를 요청했다. 우리는 많은 양의 메일을 처리하는 시스템을 만들었고, 제시가 그 일을 주 업무로 맡게 되면서 내 받은 메일함의 읽지 않은 메일은 다시 0으로 돌아갔다.* (읽지 않은 메일을 0으로 만드는 마법은 존재하지 않는다. 단연코 받은 메일을 1만으로 만드는 것보다 어려운 일이다.) 그 이후 제시는 비서가 되어서 사업 전체의 체계를 유지하며 우리와 접촉하는 모든 사람에게 적절히 응답하는 일을 돕고 있다. 단, 그녀는 절대 내 행세를 하지 않는다. SPI

---

* SPI 팟캐스트 115회에서 우리가 어떻게 그 일을 했는지 들을 수 있다.
smartpassiveincome.com/podcasts/email-management/

브랜드를 대표해서, 브랜드를 찾은 사람들의 내민 손이 민망해지지 않도록 악수를 돌려주는 역할을 할 뿐이다.

나는 청중이 내가 그들에게 귀를 기울이고 있다는 점을 알아줬으면 한다. 예를 들어 나는 여전히 내 블로그에서 댓글을 받으면 모두 답을 하려고 노력한다. 청중이 늘어나면서 그 일이 더 힘들어지기는 했지만 말이다. 댓글에 답을 하는 것은, 내가 청중의 목소리를 실제로 듣고 있으며 그들의 생각에 관심이 있다는 것을 보여주는 매우 좋은 방법이다. 실제로 댓글을 남기는 사람이 전체 청중에서 차지하는 비율은 높지 않다. 그러나 댓글을 남긴 사람 모두에게 답을 하는 것은, 그 자체로 그들에게 특별함을 선사한다. 그들이 우리에게 중요한 존재이며, 발길을 멈추고 자신의 생각을 공유한 것이 시간 낭비가 아니었다는 생각을 갖게 한다. 또 댓글을 남기는 사람들은 많지 않더라도 방문한 다른 사람이 이 댓글들을 볼 수 있다. 댓글에 내가 한 답을 모든 사람이 본다는 것이다. 이처럼 댓글은 브랜드 전체에 긍정적인 영향을 준다.

청중과 관계를 맺을 때 어떤 방법을 사용할지 결정했다면(많은 블로그 운영자들이 포스팅에 댓글을 달지 못하게 해놓는다는 것을 나도 알고 있다. 여기에는 문제가 없다. 그것은 그들의 권리다), 그 상호작용의 맞은편에 사람이 존재한다는 것을 알려야 한다. 어떤 일이 있어도 그들을 냉대해서는 안 된다.

규모가 작고, 이제 막 시작하는 단계라면 청중의 규모와 사업의 단순성을 자신에게 유리한 방향으로 이용할 수 있다. SPI 팟캐스트 337번째 에피소드에서 나는 작은 규모의 비즈니스가 가진 장점에 관해 이야기했다. 그중 하나는 청중과 더 깊은 유대를 형성할 수 있다는 점이다. 팔로워가 적으면 쉽게 일대일로 이야기를 나눌 수 있다. 이메일을 보내거나 메시지를 보내는 모든 사람에게, 사적이든 공적이든 개별적으로 응답하고 손을 내밀어라. 거기에서 멈추지 말고 한 단계 더 발전시킬 수 있어야 한다. 연락하는 모든 사람의 근황을 지속적으로 파악하고, 이후에도 적절한 후속 조치를 취한다. 그들에게는 예상치 못한 놀라운 일이 될 것이다. 그들은 이렇게 생각한다. '와, 이 사람은 나를 잘 알지도 못하는데 내 생각을 해주고, 시간 내서 연락도 해주는구나!' 인간은 자신에게 무언가를 베푼 사람에게 보답을 하려는 성향을 갖고 있다. 사람들이 받고자 하는 것은 그저 약간의 관심이다. 전혀 예상치 못했던 관심을 주면, 그의 몇 배를 돌려받게 될 것이다.

나는 내 사업에서 이 전략을 대단히 성공적으로 이용했다. 사업 초기에는 사람들이 내 블로그에 댓글을 달면, 나는 그 댓글에 다시 댓글을 단 다음 그들의 웹사이트로 가서 최신 글들을 읽고 그 글에도 댓글을 달았다. 이후에는 이메일을 보내 댓글을 달아준 데 고마움을 표하고, 그들의 글을 칭찬하며, 내가 관심 있게 본 부분을 이야기했다. 요즘은 모든 댓글에 이처럼 대응하지는 못하지만 나는 여전히 이 전략을 사용한다. 소셜미디어에서 어떤 것에 대해 감사를 표하는 사람이 있으면 그들에게 비공개 메시지로 동영상을 보내 내 이웃이 되어줘서, 내 팟캐스트를 들어줘서 고맙다는 인사를 전한다. 사람들은 이런 식의 대응에 대단히 깊은 인상을 받는다. 나를 믿고 시도해 보길 바란다!

비즈니스 규모가 큰 경우에는 시스템과 자원을 활용할 수 있다. 시스템과 자원을 통해 사람들에게 대응하고, 상호작용을 이어 나가는 것이다. 이후에도 사람들에게 후속 조치를 취할 수 있다. 아직 고객이 아닌 사람들에게까지 관심을 갖는 브랜드가 된다면, 많은 경쟁자 중에서도 두드러질 수 있을 것이다.

이후부터는 모든 청중의 마음속에 있는 슈퍼팬을 자극하는 방법을 살펴볼 것이다. 일단 지금은 손을 내미는 청중을 미소 띤 얼굴로 맞이하는 일만으로도, 슈퍼팬을 만드는 과정임을 인지하자.

이번 연습을 통해 당신은 눈앞에 나타난 손을 능숙하게 잡고 흔들 수 있을 것이다! 사람들이 당신에게 먼저 손을 내밀었으니, 이에 화답하는 법을 익혀라.

STEP 1

사람들과 소통했던 채널들을 점검해 응답하지 못했던 메시지를 찾는다. 스팸 폴더나 휴지통에 무심코 들어간 이메일이나, 당신이 알아차리지 못하고 넘어간 블로그 댓글이나, 답하는 것을 잊은 페이스북 메시지들이 여기에 속한다.

STEP 2

내민 손을 민망하게 만드는 일이 없도록, 부주의하게 놓치는 메시지가 없도록 시스템을 마련한다. 매주 이를 확인하는 시간(15분이라도)을 따로 빼두고, 받은 메일함과 소셜미디어 계정을 모두 확인하는 것도 방법이 될 수 있다.

해결에 더 많은 시간과 주의가 필요한 경우에는 인사 채용에 관해 깊게 고민해 봐야 한다. 일을 제대로 처리할 수 있게 도와줄 사람을 구할 때가 된 것일 수도 있다.

LET'S GO DEEPER

우리는 깊은 인상을 남길 수 있는 이 쉬운 방법을 종종 잊어버린다. 당신의 스케줄에 맞는 악수 습관을 더 쉽게 구축하게 만드는 몇 가지 방법을 슈퍼팬 동반자 과정 5장에 올려두었다.

  슈퍼팬 부대를 만들고 싶다면 기본에서 출발해야 한다. 비정기적 청중이 브랜드의 활발한 구독자, 팔로워, 정기 청취자, 시청자, 독자로 향하도록 길부터 닦아야 한다는 의미다. 그들의 언어를 배워서 사용하고, 쉽고 빠르게 얻을 수 있는 작은 성과를 만들어 주고, 당신에 관해 공유하고, 미래의 모습으로 그들을 초대하고, 후속 조치의 힘을 이용하는 것까지가 이에 해당된다.

  이 전략들은 슈퍼팬을 만드는 첫 단계에 불과하지만, 사람들이 비정기 방문객에서 활발한 구독자로 도약하는 모습을 지켜보는 것만으로도 큰 흥분을 느낄 수 있다. 단계가 올라가는 사람들이 생길 때마다 당신의 브랜드와 커뮤니티에는 긍정 에너지가 더해진다. 이 책 첫 부분의 전략들을 따른다면 신이 나서 당신에게 계속 귀를 기울이는 청중을 만들게 될 것이다. 그리고 곧 다음 단계로 갈 사람들, 즉 커뮤니티의 구성원과 더 긴밀한 관계를 맺을 적극적 구성원이 될 사람들이 생겨날 것이다.

  더 나아갈 준비가 되었는가? 그렇다면 2부로 가서 새로운 구독자들을 유대 커뮤니티 구성원으로 전환시킬 방법을 알아보자.

2부

함께하시겠습니까?

유대 커뮤니티

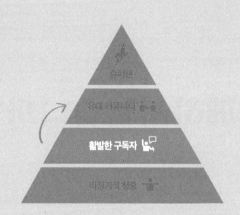

한 단계 위로 올라가 보자. 2부에서는 활발한 구독자를 유대 커뮤니티로 이동하는 등반 과정을 다룬다.

활발한 구독자들은 당신이 어떤 사람인지 알고 있다. 이미 당신을 이웃으로 추가했거나, 소셜미디어에서 팔로우하거나, 팟캐스트를 구독하거나, 당신 웹사이트에 북마크를 하거나 업데이트 알림을 설정하는 등 다양한 방식으로 당신을 따르기로 선택한 이들이다. 당신이 새로운 콘텐츠나 새로운 제품을 내놓으면, 활발한 구독자는 그것이 자신에게 유용할지 판단한다. 당신의 사업에 참여할 수도 있고 그냥 지나칠 수도 있다. 하지만 어느 쪽이든 그들은 여전히 선택을, 적극적인 선택을 한다! 이 단계에서는 자기소개를 많이 할 필요가 없다. 그들은 이미 당신을 아니까. 하지만 이 부분의 청중들이 행동하게 하려면 여전히 노력이 필요하다.

유대가 형성된 커뮤니티 내에서는 자발적 참여가 이루어진다. 우선 커뮤니티 안에서는 당신, 즉 소유주나 제작자와의 유대가 존재한다. 더 나아가 마법이 일어난다. 커뮤니티 구성원들 사이에서 소통과 유대가 생겨나는 것이다. 이 집단은 자기 나름의 정체성을 형성하기 시작하고, 구성원들은 서로 쉽게 공감대를 형성한다. 커뮤니티 내에서는 처음부터 소개가 필요치 않다. 커뮤니티에 속해 있기만 해도 사려 깊고, 유용하며, 기억에 남는 방식으로 소통할 접점이 자연스레 생긴다.

이 부분에서 우리는 활발한 구독자를 깊은 유대가 형성된 커뮤니티로 전환시킬 여덟 가지 전략을 다룰 것이다. 아직은 슈퍼팬을 갖는 단계에 이르지 못했다. 하지만 그 목표로 향하는 궤도에 올라 있다. 유대 커뮤니티를 보유하는 수준만으로도 더 많은 공유, 지지, 고객을 얻게 되기 때문이다. 슈퍼팬 구축 과정 두 번째 단계에 사용될 전략에는, 모든 것을 한데 묶는 핵심 원칙이 존재한다. 바로 사람들은 소속감을 원한다는 점이다.

사람들은 소속감을 원한다

고등학교에 다닐 때 나는 학년 전체에서 가장 키가 작은 아이였다. 이해를 돕기 위해 정보를 좀 더 제공하자면, 고등학교 졸업반일 때까지 내 키는 150cm를 넘지 못했다. 나는 마칭 밴드에서 트럼펫을 연주했는데, 그 악기가 마음에 들어서가 아니라 내가 연주하고 싶은 대부분의 악기들은 거의 내 키만 했기 때문이었다.

키가 너무 작다 보니 놀림을 많이 당했다. 당연히 기분은 좋지 않았지만 다행히도 내 편이 되어주는 친구들이 있었다. 나는 나를 지지하고 옹호해 주는 친구들을 주변에 두는 행운을 누렸다. 그러나 안타깝게도 친구들이 가장 좋아하는 운동은 농구였다.

학교를 마치면, 친구들과 나는 밴드 연습이 있기 전까지 운동장에서 농구 골대에 공을 던지며 시간을 보냈다. 매번 똑같았다. 팀을 나눌 때면 나는 늘 맨 마지막에 뽑혔고, 공은 내게 온 적이 없었으며, 따라서 슛을 할 기회가 없었다. 코트에 있었지만 농구를 하고 있다고 보기는 힘들었다. 내게는 그리 즐거운 시간이 아니었다.

한번은 친구들이 샌디에이고주립대학에서 열리는 농구 대회에 참가한다며 구경하러 오라고 나머지 친구들을 초대했다. 친구들이 같이 가겠냐고 물었을 때 나는 거절했다. 이유를 묻기에 나는 이렇게 답했다. "너희들이 나를 게임에 끼워주기는 하지만 나는 공을 만져본 적도 없어. 나는 농구가 전혀 재미없어. 그런데 거기 가서 구경하고 싶겠니?"

커뮤니티를 구축할 때는 사람들을 농구 코트에 부르지만 말고 때때로 공을 패스해 주어야 한다. 가끔 내게도 공이 왔다면, 가끔은 나도 슛을 할 기회가 있었다면, 분명 나는 기꺼이 친구들과 대회를 보러 갔을 것이다. 경기에 참여하지 못해도(명백한 이유가 있었기에) 팀의 우승을 돕기 위해 내가 할 수 있는 일을 했을 것이다. 경기 내내 물병이 채워져 있는지 확인하고, 타임아웃이나 하프타임 때 수건을 건네주고, 내가 할 수 있는 한 큰 소리로 팀을 응원했을 것이다. 하지만 그렇게 하고 싶지 않았다.

2부의 내용도 이와 매우 유사한 맥락이다. 사람들에게 소속되어 있는, 참여하고 있다는 느낌을 줌으로써 커뮤니티를 구축하는 방법을 설명할 것이다. 그들은 이미 당신의 존재를 알고 있으며 당신을 따르고 있다. 이제 그들을 당신이 있는 코트로 초대할 시간이다. 팬들이 소속감을 느끼도록 가끔 그들에게 공을 패스하고 점수를 올릴 기회를 주자.

응원할 가치가 있는, 응원하고 싶은 팀을 만들 시간이다. 지금 바로 시작해 보자!

6장
숏을 쏠 기회

스티브 스팽글러^{Steve Spangler}는 과학자이자 연예인이다. 한마디로 멋진 사람이고, 또 내가 정말 좋아하는 유형의 사람이라는 말이다. 내가 그를 처음 본 것은 〈엘런 디제너러스 쇼^{Ellen Degeneres Show}〉였다. 그는 그 자리에 모인 청중에게 근사한 실험을 펼쳐 보였다. 특히나 그가 커다란 플라스틱 쓰레기통으로 링 모양의 연기 구름을 풍풍 나오게 만드는 모습이 내 마음을 사로잡았다. 멘토스와 다이어트 콜라로 폭발을 일으키는 영상을 만들어 유행시킨 것도 그였다. (한번 찾아보라!)

놀랍게도 어느 날 내 친구 마이클 스텔즈너^{Michael Stelzner}가 운영하는 팟캐스트, 〈소셜미디어 마케팅 팟캐스트^{The Social Media Marketing Podcast}〉에서 스티브의 인터뷰를 하게 되었다는 소식이 들려왔다. 나는 이렇게 생각했다. '스티브가 마이크의 팟캐스트에서 도대체 뭘 한다는 거야?' 이것이 내 사업의 판도를 바꾸는 인터뷰가 될 줄은 꿈에도 몰랐다.

스티브는 2007년 유튜브 채널인 〈시크 사이언스*Sick Science*〉를 시작한 계기에 관해 이야기해 주었다. 이전까지 그는 과학 실험 유튜브 동영상을 포스팅했었다. 조회 수는 높았지만 사람들의 참여는 저조했다. 그는 팟캐스트 인터뷰에서 유튜브 초기 동영상에 대한 참여도가 얼마나 낮았는지 설명했다.

> "〈시크 사이언스〉 이전에 유튜브에 올렸었던 동영상에 달린 댓글은
> 보통 대여섯 개였어요. 대부분이 '와, 내 댓글이 첫 댓글이다!' 또는 '정말
> 멋지네요!' 정도고, 나머지는 악플들이었죠."

청중의 참여는 거의 없었고 댓글의 질도 낮았다. 그의 영상을 보는 구독자는 상당히 많았지만 그들은 스티브의 동영상을 찾아보는 것 이외에는 의미 있다 할 만한 행동을 하지 않았다.

스티브와 그의 팀은 영상에 약간의 수정을 가했고, 이것은 참여에 큰 변화를 가져왔다. 실험 영상 마지막에서 과학적 원리를 밝히는 대신 질문을 덧붙인 것이다. 사람들에게 어떻게 해서 이런 실험이 가능한지 설명해 달라고 요청했다. 스티브는 변화를 다음과 같이 설명했다.

> "영상 뒷부분의 질문 때문에 유튜브에 큰 변화가 생겼죠. 제가 한 일
> 은 '댓글로 어떻게 이런 현상이 생기는 것인지 당신의 의견을 적어주세
> 요'라는 말을 추가한 것이 전부였어요."

다음에 어떤 일이 일어났는지 짐작이 가는가? 사람들의 참여도가
급격하게 치솟았다. 그가 보여준 실험의 과학 원리를 묻는 단순한
문장으로 그는 청중으로 하여금 피라미드의 한 단계를 올라와 참여
하려는 의욕을 갖게 만들었다. 그는 그들에게 슛을 쏠 기회를 주었
다. 그러자 청중은 정말로 골대를 향해 골을 던졌다.

> "영상을 올리자마자 반응이 폭발했어요. 첫 영상의 댓글은 850개였
> 을 거예요. 댓글은 대부분 '달걀이 병에 들어가는 이유는 … 때문입니
> 다'라고 현상의 원리에 관한 의견을 제시하는 것이었죠."

이 전략은 엄청난 성공을 거두었다. 새로운 영상이 올라올 때마다
수많은 사람이 자신이 생각하는 정답을 댓글로 달기 시작했다. 그들
은 댓글을 통해 토론했다. '좋아요'를 많이 받은 댓글은 베스트 댓글
에 올랐다. 온갖 가설들을 내세운 전면전이 펼쳐지기도 했다.

이런 참여들은 스티브와 시크 사이언스의 판도를 바꾸었다. 스티
브는 이 전략이 그와 그의 채널에 미친 영향에 대해 다음과 같이 이
야기했다.

"유튜브의 관심을 모은 것은 조회 수가 아니라 참여도였어요. 결국 유튜브는 우리를 100대 자금 지원 채널 중 하나로 선정했죠."

스티브는 유튜브가 그에게 '100대 오리지널 콘텐츠 제공자100 Original Content Providers'라는 칭호를 주었다는 것도 언급했다. 이는 유튜버에게 대단히 영광스러운 칭호다. 스티브는 그 원인이 숯을 쏠 기회를 주는 참여 유도 전략에 있다고 말한다.

큰 규모의 관중은 사람들을 끌어들인다. 대부분은 무언가의 주위에 사람이 모여 있는 것을 보면, 본능적으로 그 관심을 받고 있는 대상을 알고 싶어 한다. 이런 본능을 활용해 사람들의 참여를 유도하고, 군중을 만들고, 그들이 당신의 방식을 따르게 만들 수 있다. 사람들은 시작한 대화를 이어가기 위해 돌아온다. 한 번 발을 들이고, 두 번 발을 들이면 대화를 계속 이어나가고 싶어진다(누군가가 답을 달 때마다 알림이 온다면 특히 더 그렇다). 참여에 보상을 주는 소셜미디어를 통해서 더 많은 사람이 당신의 콘텐츠를 발견하고, 당신의 콘텐츠와 상호작용을 하게 될 것이다.

이 전략의 핵심은 청중에게 질문을 던지는 것이다. 설령 당신이 답을 알고 있더라도 말이다. 사람들이 내가 답을 모른다고 생각하진 않을까 걱정할 수도 있다. 그건 상관없다. 당신은 그저 청중에게 서로 이야기할 기회를 주면 된다. 일단 시도해 보면 이런 기회를 마련하는 것이 얼마나 소중한 일인지 발견할 수 있을 것이다. 위의 이유들뿐만이 아니다. 실제로 청중이 많은 것을 알고 있기 때문이기도 하다. 당신도, 커뮤니티의 구성원들도 몰랐던 점을 서로에게서 배울 수 있고, 여러 주제로 건전한 토론을 펼칠 수 있다. 당신의 역할은 이런 일이 일어날 수 있는 안전한 환경, 다른 곳에서는 찾기 힘든 환경을 만들고 구성원의 활동을 촉진하는 것이다. 이를 통해 사람들은 그들이 이해하고 공감할 수 있는 어떤 공간 안에 속해 있다고 느낀다. 당신이 이러한 환경을 조성했다는 점에, 그 주제에 대해 자신들만큼(혹은 자신들보다 더!) 열정을 가진 사람들을 찾을 수 있다는 점까지 더해서 말이다.

재미삼아 당신의 소셜미디어에 이런 질문을 올려보라(당신의 타깃 청중이 누구든 상관없다). "어떤 것이 몸에 더 좋을까요? 케일 아니면 시금치?" 좀 더 관심을 얻고 싶다면 짧은 동영상 파일을 추가한다. 본인이 생각하는 정답을 알려주려는 사람들이 모여드는 모습을 볼 수 있다. 위키피디아Wikipedia에서 30분은 검색했을 것처럼 보이는 아주 과학적인 글들이 대부분일 것이다. 한 단어로 답만 말하는 사람도 있겠지만 그런 반응도 괜찮다. 그들 역시 자신이 목소리를 내고 있다고 생각할 것이기 때문이다. 이는 소속감을 느끼는 데 아주 중요한 역할을 한다. 당신은 그들에게 목소리를 낼 이유를 제공하고 있다.

이런 대화는 청중과 관련 있는 주제를 선택했을 때 가장 큰 효과를 발휘한다. 하지만 꼭 그런 방식을 고수할 필요는 없다. 다음에 소개할 사례는 내 인스타그램에서 단기간에 달린 댓글 수, 받은 '좋아요' 수 측면에서 가장 많은 참여를 이끌어 낸 포스팅이다.

내가 좋아하는 또 다른 예는 TV 프로그램 〈워킹 데드*The Walking Dead*〉
인스타그램 계정 질문이다. 청중의 참여를 이끌어 내기 위해 '당신
이라면?'이라는 질문을 던지고 있다.

이 전략은 청중 참여 유도에 대단히 효과적이다. 사람들의 참여를 독려하고 브랜드를 이야기하게 만들기 때문이다. 전체 청중을 '작가의 방'으로 초대해서 앞으로 이야기가 어떻게 전개되어야 할지 의견을 나누고 이 과정에서 서로가 유대를 형성하게 한다. 확실한 정답이 없는 질문을 하는 것도 큰 효과를 발휘한다. 〈워킹 데드〉의 인스타그램 팀은 팬들에게 스토리가 어떻게 전개될지 판단해 보라고 제안했을 뿐, 정답을 찾으라고 하지 않았다. 의도적으로 정답 없는 질문을 주고 모호한 상황을 연출한 뒤, 사람들의 참여를 이끌어 내고 어떤 결과가 다른 선택지보다 낫다고 생각하는지 참여자 자신의 주장을 밝히도록 했다.

다음 전략은 숏을 할 기회를 주는 것에서 한 단계 더 나아가야 한다. 팬들에게 브랜드 내에서 더 적극적 역할을 하게끔 하는 것에 더해, 다음 단계에 영향을 주도록 만드는 전략이다. 맞다. 그들에게 직접 결정할 기회를 줄 때가 왔다.

청중에게 숏을 할 기회를 주고 어떤 일이 일어나는지 지켜보자.

STEP 1

가장 마음에 드는 소셜미디어 계정에 이미 답을 알고 있는 질문을 올린다. 사업에 관련된 것이어도 좋고, 그렇지 않아도 좋다. 사진이나 동영상 등으로 선택을 도울 수도 있다.

STEP 2

너무 진지하게 생각할 필요는 없다. 실험을 해보고, 즐기면서, 청중에게 가장 잘 맞는 것이 무엇인지 지켜본다.

LET'S GO DEEPER

청중 참여를 이끌어 내는 데 도움이 되는 더 많은 영감과 사례를 슈퍼팬 동반자 과정 6장에서 찾아볼 수 있다.

7장
참정권의 힘

쿠우수우cuusoo는 환상이나 상상을 뜻하는 일본어다. 일본 기업 쿠우수우 시스템CUUSOO SYSTEM에 영감을 준 단어이기도 하다. 이 기업은 1997년 생겨났다. 이 기업은 신제품의 크라우드 펀딩을 진행하거나, 제품 크리에이터를 제조업체와 연결시키는 플랫폼이다. 2008년 쿠우수우 시스템은 레고와 손을 잡고 레고 쿠우수우를 만들었다. 레고를 해본 사람이라면 누구나 꿈꾸어 봤을 만한 일을 실현해 낸 것이다.

자기만의 독특한 레고 구조물을, 상상할 수 있는 모든 것을 디자인하고 만든다고 생각해 보자. 레고 회사가 당신 디자인을 공식적인 레고 제품으로 만들어서, 매장에서 실제로 판매한다면 어떤 기분일까? 게다가 판매에서 나오는 수익의 1퍼센트를 받는다고 한다. 레고 쿠우수우(지금은 레고 아이디어스 LEGO IDEAS 로 알려져 있다)가 이 일을 한다. 플랫폼 전체가 레고 크리에이터들이 제품 라인을 만드는데 도움을 주고, 자신의 창작품을 생산하도록 지원하기 위해 만들어졌다. 과정은 대단히 간단하다. 디자인이 레고 온라인 커뮤니티에서 1만 표 이상을 얻으면 진짜 레고 상품으로 생산되는 자격을 얻는다. 얼마나 멋진 일인가?

2012년의 마인크래프트 Minecraft 세트에서 2017년의 나사의 여성들 Women of NASA, 내가 가장 좋아하는 2013년 〈백 투 더 퓨처〉의 드로리언까지 일반인(직원이 아닌)이 만든 여러 제품이 레고에 의해 생산, 판매되었다. 나는 아니지만(그랬으면 얼마나 좋겠냐만) 나와 같은 팬이 만든 것이라고 생각하면, 레고라는 브랜드에게 고마운 마음이 절로 솟아난다. 레고가 고객에게 귀를 기울인다는 사실은 커뮤니티의 성장에 엄청난 기여를 한다. 일방적인 대화가 아닌 누구든 참여할 수 있는 대화이기 때문이다.

레고의 전 CEO 예르겐 비 크누스트로프 Jørgen Vig Knudstorp 가 팬 커뮤니티를 제품 디자인에 참여시킨 놀라운 아이디어에 대해 한 이야기가 2009년 〈하버드 비즈니스 리뷰 Harvard Business Review〉에 인용되었다. "우리의 디자인 직원은 총 120명입니다. 하지만 그외에도 우리는 발명을 돕는, 약 12만에 달하는 외부의 자발적 잠재 참여자에게 접근할 수 있습니다."* 레고는 좋은 아이디어가 내부에서만 나오는 것이 아니며, 팬들에게 의지했을 때 고객이 원하는 상품을 만들 수 있다는 점을 알고 있다. 많은 훌륭한 브랜드가 그렇듯이, 레고는 적극 소통을 권장하며 청중이 아이디어를 제안해 주길 기대한다.

이런 과정을 공동창작^{co-creation}이라고 부른다. 공동창작은 청중을 더욱 활성화시켜서 유대 커뮤니티로 유입시키는 훌륭한 방법이다. 유니레버^{Unilever}, 디월트^{DeWalt}, DHL, 제너럴 밀즈^{General Mills} 등 다른 기업도 고객의 식견을 이용해 효과적인 제품과 서비스를 구축했다. 팬들에게 조언을 구하고, 그들의 조언을 따르면, 팬들은 그 과정을 지켜보고 고마워하며 환영한다.

슈퍼팬들은 레고의 성공 신화에서 빼놓을 수 없는 존재다. 불과 10여 년 전 레고는 엄청난 부채(2003년 당시 무려 8억 달러)로 파산 직전에 있었다. 레고는 팬들이 정말로 원하는 것에 집중한 덕분에 재기할 수 있었고, 2018년 현재 세계에서 가장 큰 장난감 회사가 되었다. 레고의 시가 총액은 76억 달러로 매텔이나 해즈브로와 같은 거대 브랜드보다도 높다!^{**}

그러나 레고 아이디어스 같은 크라우스 소싱 플랫폼을 만들 정도로 자원이 넉넉한 대기업이 아니라면? 어떻게 해야 청중을 피라미드의 다음 단계로 끌어올리고, 그들이 브랜드의 일부라는 느낌을 줄 수 있을까? 어떻게 하면 청중을 참여시켜서 그들이 갈망하는 제품

∗ 앤드류 오코넬^{Andrew O'Connell}, "생존과 성장을 이끌어 온 레고 CEO 예르겐 비 크누스트로프^{Lego CEO Jørgen Vig Knudstorp on leading through survival and growth}", 〈하버드 비즈니스 리뷰^{Harvard Business Review}〉, (2009년 1월), hbr.org/2009/01/lego-ceo-jorgen-vig-knudstorp-onleading-through-survival-and-growth.

∗∗ cnbc.com/2018/04/27/lego-marketing-strategy-made-it-world-favorite-toy-brand.html

과 해법을 함께 만들 수 있을까? 생각만큼 어렵지 않다. 당신은 이미 그것을 가능케 하는 도구에 접근할 수 있다.

에이미 포터필드Amy Porterfield는 대단히 똑똑한 사람이다. 성공한 기업가로 늘 나를 놀라게 만드는 이 친구는 오랫동안 내게 많은 영감을 주었다. 그녀의 브랜딩은 완전무결하다. 그녀의 팟캐스트는 업계 일류다. 그녀의 광팬들은 그녀를 따라 달나라도 갈 것이다.

2013년 6월 20일 그녀가 올린 페이스북 포스트를 봤을 때 내가 놀란 것도 바로 이 때문이다.

폰트 선정에 도움이 좀 필요하다고? 에이미의 주위에는 이런 종류의 일들을 대신 처리해 줄 많은 인재가 있다. 그런데 왜 굳이 청중에게 도움을 요청하는 것일까? 앞서 말했듯이 그녀는 대단히 똑똑한 사람이고, 그래서 이 방법을 선택했다.

청중을 이런 결정에 끌어들이는 것은 양질의 결과를 얻기 위함이 아니다. 이메일에 어떤 폰트를 이용할지 결정하는 것은 누군가의 생사를 좌우하는 일도 아니고, 그녀의 사업에 큰 영향을 주는 일도 아니다. 이것은 참여와 소통의 문제다. 소통communication이라는 단어는 사실 공통의common, 또는 공유sharing라는 뜻을 가진 라틴어 'communis'에서 유래했다. 소통이 없으면 커뮤니티도 존재할 수 없다.

에이미의 사례로 돌아가 보자. 이 포스팅은 성과가 있었을까? 이것은 몇 개월 동안 그녀가 올린 것 중에 가장 많은 참여를 이끌어 낸 게시물이 되었다. 사람들은 투표하고, 참여하고, 관여하는 것을 좋아한다. 그녀의 포스팅을 본 나는 바로 비슷한 것을 만들어 내 페이스북 페이지에 포스팅했다. 내가 보안 요원 교육 업계에서 구축했던 틈새 사이트 디자인을 위한 것이었는데, 로고 두 가지를 나란히 보여주는 포스트였다.

나도 마찬가지의 결과를 얻었다. 내가 했던 어떤 포스팅보다 참여도가 높았다. 댓글이 1,000개에 달했다. 그 다음으로 참여도가 높았던 포스팅 댓글 수가 300개에도 못 미쳤던 것을 고려하면 엄청난

성공이었다. 이런 유형의 전략에는 부수적인 효과도 있다. 높은 참여도 덕분에 소셜미디어 플랫폼에서 보상을 받을 수도 있기 때문이다. 물론 답변들을 통해 사람들이 어느 쪽을 더 좋아하는지 확인할 수도 있다. 의견이 갈리기도 하지만 승자가 뚜렷하게 드러나는 때도 있다.

나는 2016년에 이 전략을 다시 사용했다. 내 책《과연 뜰까?*Will It Fly?*》 출간 작업을 하고 있을 때였다. 나는 여러 가지 책 표지 디자인을 청중에게 보여주고 사람들이 가장 좋아하는 것이 무엇인지 확인했다. 이번에도 그 포스트가 해당 연도 최고 참여도를 기록했다.

기업경영에서 청중에게 영향력을 행사할 기회를 주는 일은 새로운 시도가 아니다. 누구나 쉽게 할 수 있다. 유튜브 채널을 운영하고 있는가? 〈에픽 랩 배틀 오브 히스토리Epic Rap Battles of History〉처럼 시청자들에게 다음 영상의 주제를 뭘로 하면 좋을지 물어보라. 배우들이 두 명의 유명인으로 분장을 하고 랩 배틀을 벌이는 이 유튜브 프로그램은 그들이 만든 새로운 영상마다 의견을 준 사람을 스크린샷으로 보여준다. 모든 영상은 "다음은 누구? 당신이 결정하세요"라는 말로 끝난다.

책을 쓰고 있는가? 청중을 참여시키자. 원고 집필에 청중을 끌어들이려는 생각을 나만 했던 것은 아니다. 앤디 위어Andy Weir는 화성에 갇힌 사람의 이야기를 장별로 블로그에 발표하면서 청중의 참여를 유도했다. 블로그가 주목을 받기 시작하면서 사람들은 그의 이야기 속 콘텐츠에 관해 피드백과 제안을 주기 시작했다. 결국 일련의 이 블로그 포스팅은 베스트셀러 소설《마션The Martian》이 되었고, 이후 맷 데이먼Matt Damon 주연으로 영화화되었다.

사탕 회사를 운영하고 있는가? 소비자들이 신제품 사탕을 선택하게 만들어 보라. 마르스Mars는 1-800-FUN-COLOR 전화를 이용한 사람들의 투표 결과를 따라 1995년 갈색이었던 M&M 초콜릿의 색상을 바꾸었다.

사람들이 사용하거나 입는 물건을 만드는가? 청중에게 어떤 물건을 갖고 싶은지 직접 물어보라. 의류 제조업체 베타브랜드Betabrand는 레고와 마찬가지로 청중에게 한 단계 높은 결정의 기회를 주었다. 우선 이 회사는 디자이너들로부터 공개적으로 신제품 제안을 받는다. 제안 받은 디자인들로 후보가 구성되면 청중이 투표를 한다. 승인을 받으면 그 옷은 예약 주문을 받는다. 예약 주문량이 충분하면 생산에 들어간다! 놀라운 것은 이 부분이다. 첫 해 전체 매출의 10퍼센트가 디자이너에게 돌아간다. 베타브랜드가 만드는 대부분의 옷은 특정한 문제(특히 여행용 의류는 여권 주머니를 숨겨 놓거나 하나의 옷으로 여러 스타일을 연출할 수 있도록 만든다)를 해결하기 위해 디자인된다. 베타브랜드는 이들 제품 대부분의 디자인을 크라우드 소싱에 맡김으로써 제품을 고객의 니즈에 딱 맞게 만들 수 있었다.

초점이 어디에 있든 크라우드 소싱은 효과를 발휘할 수 있다. 나는 사업에서 이 전략을 매우 다양하게, 매우 성공적으로 사용해 왔다. 나는 트위터 팬들에게 팟캐스트에서 누구를 인터뷰하면 좋겠느냐고 자주 묻는다. 또 베타테스트 그룹에 속한 학생들에게 새로운 코스에서 빠진 것이 없는지 개선할 수 있는 부분이 있는지 물은 뒤, 그 피드백을 바로 코스에 적용한다. 이 모든 사례에서 내가 한 일은 청중에게 (내가 이미 답을 아는) 문제를 던진 것뿐이다. 그 과정에서 나는 소중한 지식과 식견을 얻고, 사람들이 나와 내 브랜드로부터 원하는 것이 무엇인지 배웠다.

그렇다면 어떻게 청중의 참여를 유도할 수 있을까? 그들을 당신 회사의 CEO로 만들 필요도, 모든 결정에서 그들의 의견을 따를 필요도 없다. 아주 작은 결정이라도 청중에게 목소리를 낼 기회를 주면, 그들이 신나게 참여하도록 만들 수 있다.

팬들은 의사 결정 과정에서 자신이 참여할 기회를 얻을 때 매우 기뻐한다. 그들은 브랜드의 일부가 된 듯한, 가족이 된 듯한 느낌을 받는다. 이를 통해 당신과 당신이 만든 커뮤니티에 더 강한 유대감을 느낀다. 이제 우리의 다음 전략은 사람들이 커뮤니티에서 도전의식과 흥분을 얻고, 이를 자기 삶의 긍정적 변화로 이끌어 내게 만든 다음, 기꺼이 그 진전을 공유하도록 공간을 마련하는 일이다.

청중에게 당신 사업에 대한 투표나 결정의 기회를 준다.

STEP 1
"어떤 신제품을 내놓아야 할까?"와 같이 비중이 큰 질문을 던질 필요는 없다(모든 제품이 청중에게 가장 잘 맞는 것이어야 하지만). "이것 아니면 저것"과 같은 단순한 질문도 청중에겐 과정의 일부가 되었다는 느낌을 줄 수 있다.

STEP 2
가능하다면 대결 구도를 보여주는 질문이 좋다. "이것 아니면 저것"의 이미지를 이용해 질문을 뒷받침하고, 사람들이 쉽게 투표하도록, 편하게 의견을 내도록 만든다(인스타그램 스토리 투표도 아주 좋은 방법이다).

STEP 3
물론 최종 결정은 당신이 한다는 것을 기억해야 한다. 하지만 이것은 청중에게 참여할 기회를 주는, 재미있는 방법이다.

BONUS

의사 결정에서 어려움에 처해 있다는 느낌이 들거나 당신과 당신 팀이 브레인스
토밍 시간에 다룰 주제를 찾을 때에도 이 전략을 이용할 수 있다.

8장
다 함께 도전하는 맛

앞에서 "이메일 100통" 도전을 예로 들어 작은 성과를 빠르게 얻는 법을 이야기했다. 기억하는가? 도전 과제를 주는 것은 효과적으로 진행할 경우 대단한 힘을 발휘한다. 따라서 구독자를 유대 커뮤니티로 유입시키는 과정에서 이를 한 번 되짚어 볼 가치가 충분하다.

자다 셀너Jadah Sellner와 젠 한사드Jen Hansard는 심플 그린 스무디Simple Green Smoothies의 설립자다. 심플 그린 스무디는 커뮤니티에 속한 사람들의 건강에 큰 변화를 가져온, 매우 흥미로운 온라인 사업이다. 개인 건강에 큰 효과를 주는 그린 스무디의 힘을 일찍이 발견한 자다와 젠은 그들의 지식을 공유하기 위해 전자책을 쓰기로 결심했고, 그렇게 심플 그린 스무디라는 브랜드가 탄생했다.

40만의 인스타그램 팔로워와 두 권의 베스트셀러 요리책, 이후 인기 높은 레시피 앱까지. 심플 그린 스무디는 열정적인 팬들로 이루어진 대규모 커뮤니티를 가지고 있다. 이 두 사람이 대중의 참여를 촉진하는 방법은 30일간의 무료 그린 스무디 도전이다.

도전을 시작한 구독자들은 매주 다섯 가지 스무디 레시피와 해당하는 기간의 쇼핑 목록이 담긴 이메일을 받는다. 이 도전은 비정기적 팬을 구독자로 초대하는 방법이다. 하지만 이는 그 구독자를 유대 커뮤니티의 구성원으로 빠르게 유입시키는 방법이기도 하다. 새로운 구독자가 그린 스무디를 만들기 위해 쇼핑을 하고 전에 없던 새로운 식사 방식에 적응하는 동안, 자다와 젠의 팀은 실시간으로 동기를 부여하며 비슷한 경험 중인 다른 도전자와의 연결을 촉진한다. 자다는 내 팟캐스트에서 이를 이렇게 설명했다.

> "30일 동안 우리도 실제로 여러분과 함께합니다. 우리 커뮤니티의 행복 전문가 젠과 저는 모든 댓글에 답을 주죠. 우리는 커뮤니티와 긴밀한 접촉을 유지합니다. 우리는 그들을 응원하고, 모든 이메일은 물론이고 페이스북, 인스타그램에 올라오는 댓글에도 똑같이 응원을 하고 도움의 손길을 내밉니다. 우리는 질문에 답을 하고 정해진 시간 동안 로그인 상태를 유지합니다. 이것은 '시작하는 날부터 끝나는 날까지 여기서 우리 모두가 함께한다'는 약속입니다."

사실 젠과 자다는 이 도전을 더 많은 돈을 벌 기회로 이용하기 보다는 커뮤니티 구축에 집중하겠다는 건강한 결정을 했다. 그들은 사람들의 도전을 직접적으로 지원하고 커뮤니티를 유지하느라 자신들의 잠재 소득을 포기하고 있음을 확실히 인식하고 있었다.

> "이렇게 포장을 해 팔면 성공할 수 있겠어'라는 식의 생각도 물론 했었죠. 하지만 30일 그린 스무디 도전의 비밀스러운 마법은 실시간으로 올라오는 생생한 커뮤니티의 참여에 있습니다."

사업을 운영하다 보면 자동화 시스템과 인간적 대응 중 하나를 택해야 하는 순간을 맞이한다. 이때 중요한 건 옳고 그름을 가려내는 게 아니다. 하지만 당신이 원하는 것이 슈퍼팬이 될 사람들이 유입될 커뮤니티를 만드는 것이라면, 지나치다 싶을 정도로 인간적인 면에 치중하는 편이 훨씬 더 좋다. 자다와 젠의 도전에서 브랜드와 청중은 자다의 표현대로 "하나의 커뮤니티로서 함께한" 것이다.

> "자동화를 통해 사람들과 연결되기란 불가능합니다. 진정성을 외부에서 충당할 수는 없습니다. 자동화를 통해 누군가의 삶을 바꾼다고요? 그건 말도 안 되는 일이죠. 실시간으로 함께하는 데에는 특별함이 있습니다. 우리는 이메일을 보냅니다. 매주 이메일이 발송되도록 자동화할 수도 있죠. 하지만 우리는 첫날부터 마지막까지 하나의 커뮤니티로서 도전을 함께합니다. 그 때문에 우리가 그 시간에 늘 그들과 함께할 수 있는 것입니다."

30일의 그린 스무디 도전은 참가자들에게 의지가 되어줄 커뮤니티를 제공한다. 한 달간 매일 스무디를 먹는 방식으로 식습관을 바꾸겠다는 각자의 목표를 달성할 수 있도록 동기와 의무감도 부여한다.

하지만 이 도전이 심플 그린 스무디 커뮤니티에서 효과를 발휘하는 데에는 다른 이유도 있다. 자다와 젠이 실천하면 구독자들의 참여를 더 북돋우기 위해 실천하는 일이 하나 더 있다. 도전은 1년에 네 번뿐이다. 즉, 한정적이라는 말이다. 이 때문에 흥분감과 희소성이 생긴다. 원한다고 아무 때나 도전할 수 있는 것이 아니다. 그렇기에 도전은 특별해진다. 단, 언제 도전이 있을지 알기 때문에 기대를 가질 수, 그에 대한 계획도 세울 수 있다.

재미있는 사실이 하나 있다. 이 책의 초고를 쓴 것도 사실 가장 인기 있고 성공할 확률이 높은 도전의 일환이었다. 당신도 들어본 적이 있을 것이다. 전국 소설 쓰기의 달National Novel Writing Month, 〈나노라이모NaNoWriMo〉 도전이다. 매년 11월, 이 비영리 단체는 전국의 작가들에게 한 달 동안 5만 단어 이상의 소설 초고를 쓰는 도전을 제안한다.

하지만 나노라이모는 작가들을 야생에 풀어두고 혼자서 글을 쓰라고 제안하는 것이 아니다. 이 단체는 웹사이트에 계속해서 포럼을 개최한다. 작가들은 묵묵히 초고를 쓰는 동안 그 포럼에서 도움을 받고 영감도 얻는다. 이 브랜드는 페이스북, 트위터, 텀블러Tumblr, 유튜브, 인스타그램, 핀터레스트^{Pinterest} 등 실질적으로 모든 소셜미디어 플랫폼에 작가들이 모여 상호작용을 가질 수 있는 장을 마련해 두고 있다.

작가들은 이런 커뮤니티의 지원을 적극적으로 이용한다. 2019년 3월 이 원고를 쓰고 있던 나는 나노라이모 포럼에 방문했다가 페이지 하단에 표시된 현재 사용자가 11만 4,466명인 것을 발견했다. 그렇다. 11월에서 한참 지난 시점에도 11만 명 이상의 사람들이 11월의 소설 쓰기 도전에 여전히 참여하고 있었다.

나는 글을 쓰는 동안 단체 포럼이나 나노라이모 커뮤니티에 참여하지 않았지만, 엑셀 시트의 일간 낱말 수 추적기를 이용해서 내 청중들과 내 집필 상황을 공유했다. 내 커뮤니티를 내 개인 집필 과정과 연결시키는, 멋진 방법이었다. 수많은 사람이 격려를 보내주었고 원고 완성에 책임감을 갖게 해주었다.

나노라이모는 내가 기꺼이 지원하는 멋진 조직이기도 하다. 특히 그들은 학생 작가 프로그램^{Young Writers Program}과 컴 라이트 인^{Come Write In}을 비롯해 지역 커뮤니티의 작가들을 지원하는 다양한 프로그램을 운영한다. 학생 작가 프로그램은 초등학교부터 고등학교까지의 학생들을 대상으로 캠프 나노라이모^{Camp NaNoWriMo}라는 가상 글쓰기 수련회를 개최한다. 컴 라이트 인 프로그램은 도서관, 커뮤니티 센터, 서점 등에 무료로 자원과 장소를 제공함으로써 학생들의 글쓰기를 격려한다. 그들이 이런 활동을 지원할 수 있는 것은 그들이 구축한 스토리텔링 커뮤니티 덕분이다. 이 커뮤니티가 존재할 수 있는 것은 나노라이모가 인간의 강력한 두 가지 충동을 이용하는 기술을 익혔기 때문이다. 우리 이야기를 글로 써서 전하고 싶은 욕구와, 우리가 갖고 있는 모든 것을 이용해 도전에 응하고 싶은 욕구다.

꼭 정교하게 구성해야만 효과적인 도전이 되는 것은 아니다. 마지막으로 소개할 내용은 그 사실을 보여주는 재미있는 사례. 자동차 회사 미니^{MINI}에는 오랫동안 이어져 온 도전이 있다. 이 도전은 #미니채우기^{#FitsInMyMINI}라는 단순한 해시태그가 핵심이다. 브랜드 미니는 매달 작지만 재미있는 자동차의 주인들에게 차를 채우고 그 사진을 찍어 소셜미디어에 공유하도록 유도한다. 그달의 선정작은 미니의 인스타그램 계정에 포스팅된다. 이 도전의 우승 상품, 즉 소셜미디어 노출은 사람들의 브랜드 참여 욕구를 자극하는 단순하면서도 강력한 도구다.

함께하려는 사람들의 커뮤니티 내에 성공을 장려하는 장소를 마련하는 것은, 그들이 목표에 도달하고 그 무리의 긴밀한 구성원이 되게 하는 좋은 방법이다. 다음 전략은 공장의 문을 여는 마법 이야기다. 모든 인간은 일이 어떻게 돌아가는가에 대해 궁금증을 가지고 있다. 다음 전략에서는 이 궁금증을 이용해 사람들을 끌어들이고, 막후로 데려가 그들에게 실제를 보여줄 것이다.

청중을 위한 도전 과제를 만든다. 복잡하고 정교할 필요도, 규모가 클 필요도 없다. 도전 과제는 성취할 수 있는 범위 안에서, 약간은 자극적인 것이어야 한다.

STEP 1

도전 과제에 관해 브레인스토밍을 한다. 도움을 줄 몇 가지 질문을 소개한다.

▷ 브랜드와 관련해 사람들을 단합시킬 수 있는 활동에는 어떤 것이 있을까?

▷ 도전 기간은 어느 정도가 적당할까? ('이메일 100통' 도전 기간은 단 3일이다. 1시간도 채 걸리지 않는 도전도 있다.)

▷ 도전을 시작할 시기는 언제가 좋을까? 얼마나 자주 개최하는 것이 좋을까? 일회적인가 아니면 지속적인가?

STEP 2

도전 과제를 어떻게 전달할지 결정한다. 이메일을 통해서? 웹사이트에 올릴 동영상을 통해서? 일련의 일간 메시지나 소셜미디어 라이브스트리밍으로 전달하는 방법을 통해서?

STEP 3

커뮤니티 참여를 어떻게 촉진할지 결정한다. 페이스북 그룹, 인스타그램과 트위터의 해시태그 등 사람들이 도전에 대해 논의하고 지원과 영감을 줄 공간이 필요할 것이다.

STEP 4

도전 과제를 발표하고 도전을 시작한다!

9장
비밀스러운 공장의 뒤편

인간은 늘 일이 어떻게 돌아가는지에 관해 궁금해한다. 호기심은 인간의 모습에서 빼놓을 수 없는 부분이다. 기회만 주어지면 우리는 뭔가에 관해 알아내려 한다. TV 프로그램 〈어떻게 만들어질까 _How It's Made_〉의 각 에피소드에서는 진행자들이 시청자를 공장으로 데려가 말 그대로 다양한 물건들이 어떻게 만들어지는지를 보여준다. 2001년 2월 방송이 시작된 뒤 31개 시즌을 통해 400개 이상의 에피소드를 만들어 낸 이 프로그램은 여전히 큰 인기를 모으고 있다.

18세기 미국 산업혁명 기간 동안 생산 과정은 수공에서 기계 제작으로 변했고, 이에 따라 공장들이 들어서기 시작했다. 1790년, 로드아일랜드 포터킷 _Pawtucket_ 에 세워진 면사 방적 공장이 미국 최초의 공장이었다. 그 이후 수십 년간 전국에 수천 개의 공장이 생겼다. 당시 공장은 생산 과정을 비밀로 유지하려는 경향이 강했다. 공장 직원들과 사업에 관련된 투자자들 이외의 사람들에게는 공장 문을 열어주지 않는 것이 보통이었다.

하지만 1890년대 후반, 재미있는 일이 일어났다. 자동차, 가전제품, 심지어는 음식까지 점점 더 많은 상품이 대량 생산되면서 사람들은 물건의 제작 방식에 호기심을 갖기 시작했다. 사람들은 생산 과정을 가까이에서 보고 싶어 했다. 공장의 비밀이 청중을 모으기 시작했고, 공장주들은 공정 과정의 매력을 인지하면서 공장의 문을 열고 대중들의 견학을 허용했다. 모든 공정이 막후에서 이루어지던 시대는 끝났다. 사람들, 특히 가족들 단위로 여가 시간에 공장을 방문해, 자신들이 일상에서 사용하고 즐기는 물건들이 어떻게 만들어지는지 그 신비의 세계에 발을 들이게 되었다.

지금은 전 세계 어느 업계에서나 매일 공장 견학이 이루어진다. 펜실베이니아 허쉬에 있는 허쉬Hershey 공장을 돌아다니며 이 회사에서 제일 유명한 키세스Kisses 초콜릿(이 회사의 두 개 공장에서 하루 7,000만 개씩 만들어진다!)이 만들어지는 모습을 구경할 수 있고, 당신이 좋아하는 맥주 공장이나 양조장에서 거대한 브루 케틀brew kettle 사이를 걸어볼 수도 있고, 할리우드 유명 영화(물론 〈백 투 더 퓨처〉를 포함한)의 세트장과 스튜디오를 버스를 타고 돌아볼 기회도 있다.

왜 공장 투어(실제로든, 〈어떻게 만들어질까〉와 같은 TV 프로그램으로든)가 그렇게 인기인 걸까? 공장 견학은 사람들이 원하는 네

가지를 제공한다. 이는 활발한 구독자를 유대 커뮤니티로 전환시키는 데에도 도움을 줄 수 있는 요소들이다.

제품의 생산 및 관리 과정을 청중에게 공개한다

물건이 어떻게 만들어지는지를 보고 나면 제품을 표준에 맞게 만들어 내는 브랜드와 제작자의 노력이 대단하게 느껴진다. 20세기 초, 가족들이 공장 견학에 나섰던 것은 생산되는 제품의 품질을 감독하기 위해서가 아니었다. 일단 각 제품의 생산에 들어가는 정성과 신중함을 목격하고 나면, 그 인상은 잊히지 않고 오래도록 남는다.

애플은 2008년 맥북 프로MacBook Pro 노트북의 유니바디 버전을 내놓았다. 하나의 금형으로 컴퓨터 케이스를 만든 독특한 이 디자인에 팬들은 이런 인상적인 엔지니어링 기술이 탄생하는 막후에까지 관심을 갖게 되었다.

애플은 블로그 포스팅으로 설명하는 대신 동영상을 내놓았다. 거기에는 유니바디 맥북 프로의 디자인 이면의 철학, 생산 과정에 대한 설명, 애플의 유명한 디자인 책임자 조너선 아이브Jonathan Ive와 회사의 제품 디자인 부문 부사장 댄 리치오Dan Riccio의 인터뷰는 물론, 한 애플 공장에서 거대한 알루미늄 블록이 정밀한 제작 과정을 거쳐 유니바디가 되는 모습까지 담겨 있었다. 애플 매니아들은 열광했다. 이처럼 공장의 문을 열면, 팬들은 당신이 제품에 쏟는 애정과 정성을 실감하게 된다.

자기 자신을 특별하다고 느끼게 만든다

대학 시절 어느 주말, 나는 UC 버클리 캠퍼스와 가까운 곳에 있는 샤펜 버거 초콜릿 공장Scharffen Berger Chocolate Factory에 견학을 갔다. 이전에는 샤펜 버거라는 이름조차 들어본 적이 없었다. 하지만, 초콜릿 제조 공정을 보고, 약간의 초콜릿 교육을 받고, 친절한 직원들을 만난 뒤 그 경험을 평생 잊지 않게 되었다. 지금도 나는 매장에서 초콜릿 바 진열대를 볼 때마다 샤펜 버거 초콜릿으로 돌진해 공장을 견학했던 기억을 떠올리면서 초콜릿을 집어 든다.

슈퍼팬을 만드는 일은 곧 특별한 순간과 특별한 경험을 만드는 것이다. 공장을 견학하거나 막의 뒤를 살펴보는 것은 흔한 경험이 아니다. 그 사실 때문에 막 뒤를 경험한 사람들에게 이런 순간들은 더욱 특별해진다. 다른 사람이 보지 못한 것을 보고 들으면서 사람들은 그 브랜드를 더 가깝게 느끼기 시작한다. 그들은 당신 브랜드에 관해 그만큼 알지 못하거나 그만큼 관심이 있지 않은 보통의 사람들과는 전혀 다른 사람들이다. 그리고 브랜드에 관해 경험이 있는 사람들과 유대를 형성한다. 공장의 문을 열면, 팬들은 '모두에게 허락되지 않은 어떤 것'을 얻었다고 느낀다.

2부 함께하시겠습니까? ✦ 유대 커뮤니티

청중과 브랜드 뒤에 있는 사람들을 연결한다

사람들은 브랜드를 통해 해법을 구매한다. 하지만 그들은 그 구매 과정에서 다른 사람과 친해진다. 청중을 제품 뒤에 있는 사람들과 연결시키는 것은 슈퍼팬 구축의 결정적인 방법이다. 얼음 깨기 전략에서도 청중과의 유대 형성을 위해 자신을 내보여야 한다고 이야기했지만, 이번에는 거기에서 한발 더 나아간다. 평소 눈에 띄지 않는 사람들, 말 그대로 막후에 있는 사람들과의 교감에 관한 것이다.

어떤 기업은 공장의 현장 직원들을 사람들에게 보여준다. 예를 들

어 다이애나 헌터Diana Hunter는 시리얼 브랜드 포스트Post에서 40년간 근무해 온, 허니 번치 귀리Honey Bunches of Oats의 마스코트였다. 2015년 그녀는 자신의 근무지인 미시간 배틀크리크에서 촬영한 텔레비전 광고에 등장하기 시작했다. 그녀는 사람들이 사랑할 수밖에 없는 매력을 가지고 있었고, 사람들이 브랜드에 친숙함을 느끼게 만들었다. 그녀의 은퇴 소식이 큰 뉴스가 될 정도였다.

1,200만의 구독자를 거느린 유튜버 코요테 피터슨Coyote Peterson도 이에 관한 좋은 예다. 그의 유튜브 채널 〈브레이브 와일더니스Brave Wilderness〉는 교육적인, 때로는 충격적인 야생 동영상으로 유명하다. 가장 인기가 높은 것은 벌레에 물리는 것이 얼마나 고통스러울 수 있는지 자기 몸으로 직접 보여준 그의 "벌레 물림insect bite" 동영상이다. 이 영상은 충격을 넘어 경외감까지 일으킨다. 그는 시청자, 특히 나이 어린 시청자들에게 동물에 대한 존중의 마음을 가르치고 동물이 갖고 있는 위험성을 교육시키는 훌륭한 일을 한다.

동영상의 주인공은 코요테지만 카메라맨인 마리오Mario와 마크Mark에게 갖는 팬들의 애정도 대단하다. 그들은 종종 렌즈 뒤에서 빠져나와 모습을 드러낸다. 나는 코요테 피터슨이 샌디에이고를 방문했을 때 그를 직접 보기 위해 아이들을 데리고 갔다. 코요테와 스태프들이 무대에 오르자 아들이 소리쳤다. "마크와 마리오가 여기도 있어요!"

제품이든, 프로그램이든, 스토리든 우리가 좋아하는 것들을 만들고 뒷받침하는 사람들에 관해 아는 것은 멋진 일이다. 기억하라. 사람과 유대를 형성하는 것은 사람이다. 공장 문을 열어라. 팬들은 브랜드 뒤에 있는 사람들을 만나고 그들과 연결될 기회를 소중하게 생각한다.

청중에게 공유할 이야깃거리를 제공한다

1995년, 픽사Pixar의 〈토이 스토리Toy Story〉를 보고 사랑에 빠졌던 순간이 기억난다. 2000년 DVD가 출시되어 집에서 〈토이 스토리〉를 볼 수 있게 되자마자 나는 바로 DVD를 구입했다. 나와 수백만의 사람들이 사랑에 빠졌던 영화와 캐릭터를 다시 만나는 것은 즐거운 일이었다. 그러나 그뿐이 아니었다. DVD에는 메이킹 필름이 부록으로 들어 있었다! 나는 그 부록들과도 사랑에 빠졌다.

메이킹 필름을 통해서 나는 최초의 완벽한 컴퓨터 애니메이션 장편 영화를 만든 픽사의 탐구 정신에 매료되었다. 영화 뒤에는 파란만장한 이야기가 있었다. 컴퓨터 애니메이션 기술을 실험한 단편 〈토이Tin Toy(1988)〉의 아카데미상 수상을 시작으로 스티브 잡스가 픽사를 사들였고, 디즈니Disney가 영화의 지원에 나섰다가 스토리 전개가 마음에 들지 않는다는 이유로 거의 발을 뺐으며, 톰 행크스Tom Hanks와 팀 알렌Tim Allen 등의 배우가 잊을 수 없는 목소리 연기를 펼쳤다.

〈토이 스토리〉의 배경을 여기서 상세히 파고들 생각은 없다.* 하지만 영화에 대한 이 모든 놀라운 사실들을 알게 되자마자 내가 한 일은 꼭 이야기해야겠다. 나는 아는 사람들 모두에게 이 이야기를 전했다.

사람들이 모르는 어떤 사실을 알고 나면, 비밀을 지키겠다고 약속하지 않는 한 그 이야기를 다른 사람에게 전하기 마련이다. 그 때문에 남의 사생활에 관한 소문이 인기 있는 것이다. 캘리포니아에 있는 친구 집을 방문한 사람들은 언제나 인앤드아웃 버거 비밀 메뉴에 관해 듣는다. 좋아하는 회사나 영화에 대해서 이런저런 잡다한 사실들을 알게 되면, 친구나 팔로워들과의 대화를 "그런데, 이거 알아?"로 시작하는 이유다. 마찬가지로 공장 문을 열면, 팬들은 당신에 관해 알게 된 것들을 다른 사람과 공유하고 싶어 할 것이다.

2008년 10월 LEED 시험을 준비하는 건축가들을 대상으로 전자책을 낸 후, 나는 '스마트 패시브 인컴 블로그The Smart Passive Income Blog'를 만들었다. 내 사업을 시작하면서 진전과 문제 해결을 기록하기 위해서였다. 이 블로그는 내 승리와 실패를 비롯해 그 과정에서 배운 모든 것을 공유하는 플랫폼이 되었다.

2008년 11월 나는 자산 관리 부문의 블로그 '마이머니블로그닷컴MyMoneyBlog.com'에 영감 받은 일을 시도하기로 결정했다. 이 블로그의 저자는 오랫동안 자신의 포트폴리오 명세와 투자 결과를 공개해 왔다. 이 블로그를 보는 일은 매우 유용했을 뿐 아니라 미래를 위해

---

* 이에 대해 더 자세히 알고 싶다면 에드 캣멀Ed Catmull의 책 《창의성 주식회사Creativity, Inc.》를 추천한다.

저축을 하는 나에게 대단한 자극이 되었다. 새로운 사업을 시작한 나는 내가 올리는 수입이 얼마인지 공개하는 일이 구독자들에게 유용할 거라 생각해 블로그에 내 첫 손익 보고서를 공개했다.

이 보고서에는 온라인 교육 과정을 시작한 것에서부터 새로운 전자책을 내놓은 것까지, 내가 최근에 진행하고 있는 사업에 관한 정보들이 모두 포함되었다. 하지만 이 포스팅에서 가장 인기 있는 부분은 손익 보고서 그 자체였다.

온라인 마케팅 분야에서 일하는 사람이 자신의 재무 상황을 공유하는 건 처음 있는 일은 아니다. 사람들은 종종 이를 시도한다. 하지만 내 블로그를 방문하는 소수의 사람에게 이 보고서는 깜짝 놀랄 일이었던 것이다. 그들이 팔로워와 친구들에게 이 보고서에 관해 이야기하고 이를 공유하기 시작했다. 나는 내 웹사이트 방문자가 늘어가는 것을 목격했다.

12월에 온라인 수입이 23퍼센트나 증가한 11월 손익 보고서를 올리자, 더 많은 사람이 유입되기 시작했다. 나는 공장 문을 열어서 활발한 구독자, 그러니까 이미 보고서를 읽었지만 아직 공유하지 않은 사람들에게 유대를 훨씬 더 강화할 기회를 만들었던 것이다.

약 10년 동안 나는 매달 블로그에 손익 보고서를 발표했다. 연차 보고서를 함께 올릴 때도 많았다. 그 글들은 내 블로그 포스팅 중에 방문자가 가장 많은 글이 되었다. 덕분에 나는 2012년 잡지 〈포브스Forbes〉의 기사에서 재포스Zappos의 토니 셰이Tony Hsieh, 37 시그널스37 Signals의 제이슨 프라이드Jason Fried를 비롯한 훌륭한 기업가들과 함께 투명성을 두려워하지 않는 10명의 리더[10 Leaders Who Aren't Afraid to Be Transparent]로 이름을 올렸다.

자랑하기 위해 하는 이야기가 아니다. 당신이 투명성을 지향하는 사람이라면, 막후의 모습을 살짝 보여줄 때 무슨 일이 생길지 궁금할 것 같아 알려주려고 꺼낸 이야기다. 원하지 않는다면 사람들에게 당신이 얼마만큼의 돈을 버는지까지 이야기할 필요는 없다. 하지만 당신의 진전과 그 과정에서 겪은 일을 공유하는 것은, 당신과 당신 브랜드에 관한 특별한 식견에 접근할 수 있게 만든다. 이는 충성스러운 팬 집단을 만드는 데 큰 도움이 된다.

사실 당신이 일하는 곳을 슬쩍 들여다보게 해주는 것만으로도 사람들의 참여는 쉽게 늘어난다. 나 역시 일하는 곳을 두어 번 영상으로 공개한 적이 있다. 2015년에는 재택 사무실의 사무 공간을 영상으로 공유했었다. 이후 2017년에는 모든 생방송 영상을 녹화하는 스튜디오의 비디오 투어를 포스팅했다. 매번 수많은 댓글이 달렸다. 사람들은 투어의 여러 측면을 지적하면서 고맙다며 인사했고, 어떤 이는 자신의 사무 공간을 자세히 공유해 주기도 했다.

고객 혹은 곧 고객이 될 사람들에게 당신이 어떤 사람인지, 무슨 일을 하는지 공유하는 일은 청중의 참여를 높이는 데 큰 도움이 된다! 당신이 브랜드나 기업을 경영하는 사람이거나 크리에이터라면, 물건이 어떻게 만들어지는지 보고 싶어 하는 인간의 본능을 이용해 보라. 그러면 더 강력한 브랜드를, 더 끈끈한 유대를 가진 커뮤니티를 만들 수 있다. 청중을 막후로 안내해 당신 브랜드가 어떻게 돌아가는지 보여주고, 다른 사람과 연결하고 싶은 충동을 자극하라.

이제 무대에 서서 조명을 받을 차례다. 첫 공연을 시작해서 사람들에게 특별한 흥분감과 유대감을 선사할 연주의 마법을 통해, 활발한 구독자의 참여를 이끌어 낼 시간이다.

사업과 관련된 사항 중에 청중과 공유하지 않았던 것을 공유한다.

STEP 1

막후에 있는 것, 당신과 당신 팀이 어떻게 일을 하는지에 관해 사람들이 흥미를 느낄 만한 것들을 공유한다.

STEP 2

실험을 하고 시도한 일의 결과물을 보는 재미를 느낀다.

BONUS

가능하다면 매달 추적할 수 있는 것을 공개해 본다. 청중이 장기간에 걸쳐 일의 진행 상황을 보는 것에 매력을 느끼면, 관심이 계속 유지될 것이다. 나는 손익 보고서였지만 꼭 수입을 공개할 필요는 없다. 탄소 배출 저감 기록이 될 수도 있고 부채 탕감 기록이 될 수도 있다. 이런 유형의 통계는 사업과 관련될 경우 큰 흥미를 준다. 내부 정보를 알고 있다는 특별함까지 느끼게 된다.

10장
관객을 위한 스포트라이트

1998년 8월 8일 여름밤, 에이프릴은 절친과 캘리포니아 로스엔젤레스 유니버설 앰피시어터 Universal Amphitheater에서 열린 백스트리트보이스 콘서트에 참석했다. 이 그룹에 대한 에이프릴의 집착이 명확해진 지 1년이 지났고, 오빠가 생일 선물로 두 장의 콘서트 표를 선물한 덕분이었다.

몇 달 동안 에이프릴과 친구는 엄청난 기대를 품은 채 공연을 보러갈 날을 고대했다. 콘서트에 앞서 몇 개월간 두 사람은 학교에서 매일같이 듣고 싶은 노래, 그들이 직접 보게 될 춤, 심지어는 가수들이 입을 옷에 관해서까지 이야기를 나눴다. 날짜가 다가오자 그들은 점점 더 흥분했으며 밴드에 대한 애정은 더욱 깊어졌다. 그들의 공연을 실제로 보는 꿈이 막 이루어질 참이었기 때문이다.

당연히 콘서트는 굉장했다. 내가 이렇게 알고 있는 것은 에이프릴이 20년 후에도 그날 밤을 생생히 기억하며 이야기를 해주었기 때문이다. 그녀는 무대 디자인이며 노래, 그녀의 남자들에 관한 모든 것을 빠짐없이 기억하고 있었다. 그녀는 무대를 보기 전에도 텔레비전과 라디오를 통해 그들의 노래를 수천 번 들었다. 그런데 공연에서는 뭐가 그렇게 달랐던 것일까?

라이브 공연에 가본 적 있는 사람이라면 그 답을 알 것이다. 그냥 멋진 정도가 아니다. 직접 무대를 보는 것은 완전히 다른 차원의 경험이다. 실제 공연이 벌어지는 상황, 당신과 똑같은 이유로 그곳에 있는 관중. 이것은 다른 방식으로는 느낄 수 없는 감정이다.

이 때문에 브랜드를 가진 사람이라면(음악을 연주하는 뮤지션이든, 제품이나 솔루션을 만드는 기업이든) 이런 행사를 만들어야만 한다. 공연을 무대에 올리는 것은 커뮤니티의 성장과 강화를 위한 더없이 강력한 전략이다.

무대나 공연이라는 말에 겁을 먹을 필요는 없다. 유명 뮤지션들의 투어처럼 세트 디자인이나 음향 설비에 수십만 달러를 쏟을 필요는 없다. 당신에게 필요한 것은 시간, 장소, 사람들에게 당신이 무대에 올라 공연을 한다는 것을 알릴 시간뿐이다.

공연의 형태는 매우 다양하다. 지역에서 개인이나 기업을 위해 열어둔 공공장소를 활용해 소규모 그룹으로 워크숍을 개최할 수도 있고, 틈새시장과 관련된 콘퍼런스에서 전시 부스를 얻어 제품을 보여줄 수도 있다. 행사 무대에서 강연을 할 수도 있다. 공연이 꼭 실시간 직접 대면으로 이루어져야 하는 것은 아니다. 온라인으로도 라이브 공연이 충분히 가능하다.

블로그를 처음 시작했을 때 내가 처음으로 의지했던 곳은 대런 로즈Darren Rowse의 '프로블로거닷넷ProBlogger.net'이었다. 나는 매일 대런의 블로그를 읽었고 그가 특별히 생방송을 한다는 소식을 듣자 재빨리 등록했다. 달력에 그 날짜를 표시해 두고 에이프릴이 콘서트를 기다리듯이 목이 빠지게 그날을 기다렸다. 대런이 머물고 있는 오스트레일리아와 미국 사이엔 시차가 있었으므로, 나는 아주 늦은 밤까지 깨어 있기로 계획했다. 그만큼 놓치고 싶지 않은 기회였다.

마침내 시간이 되자 나는 로그인을 하고 만나본 적이 없는 다른 사람들과 대기하고 있었다. 몇 백 명의 사람들이 있었는데, 행사가 시작되기 전 서로 대화를 나눌 수 있었다. 정말 근사했다. 그러다 갑자기 대런의 얼굴이 스크린에 나타났다.

그는 블로그에 대한 최신 정보와 함께 여러 가지 유용한 조언과 전략을 공유했다. 그것도 좋았지만 이 행사에서 가장 흥미로운 부분은 질의응답 시간이었다. 대런은 수많은 댓글들 가운데 흥미로운 질문들을 골라 그 사람의 이름을 언급하고, 자신의 의견을 이야기했다. 댓글 창에서 대런의 눈에 들기 위해 여러 차례 시도했지만 실패해 거의 포기하고 있던 찰나, 대런이 이렇게 말했다. "여기 패트릭이 이런 질문을 했네요."

대런이 내 이름을 불렀다. 나라고, 나! 소프트웨어에 로그인을 할 때면 나는 패트릭이라는 내 공식 이름을 사용한다. 대런은 내 질문을 모두 읽고 답을 해주었다. 그가 내 질문에 답을 하는 동안 나는 그를 바라봤고 그도 나를 바라봤다. 적어도 나는 그렇게 느꼈다. 그가 자신의 웹캠을 바라봤을 뿐이라는 건 나도 안다. 하지만 그렇더라도 나는 정말로 그와 한 공간에 있는 듯한 느낌을 받았다.

그날 이후 나는 대런과 프로블로거 커뮤니티에 진한 애착을 느꼈다. 몇 년 뒤 나는 한 콘퍼런스에서 대런을 만났고 그때부터 우리는 좋은 친구가 되었다. 나는 그의 프로블로거 행사에서 연설을 하기 위해 오스트레일리아를 방문하기도 했다. 지금까지도 나는 그와 그가 하는 일의 광팬으로 남아 있다.

작은 행사도 대단히 유용하게 활용할 수 있다. 정기적으로 할 때는 특히 더 그렇다. 지금은 대런이 했던 것과 같은 행사를 쉽게 개최할 수 있다. 페이스북 라이브Facebook Live, 유튜브 라이브YouTube Live, 트위치Twitch, 페리스코프Periscope 등의 스트리밍 플랫폼을 이용하면 아주 손쉽게 커뮤니티를 한데 모을 수 있다. 직접 대면하는 행사와 달리 이런 온라인 행사들은 아직 접촉해 보지 않은 청중과도 공유할 수 있다.

이런 종류의 행사들은 그 자체가 강력한 도구지만, 효과를 극대화하기 위해 당신이 추가적으로 할 수 있는 일은 많지 않다. 팁을 주자면, 최대한 많은 사람의 이름을 부르도록 하라. 그들은 호명되는 즉시 당신과 연결되어 있다는 느낌을 받는다. 식당에서 서버가 당신 이름을 미리 알고 불러주는 것과 마찬가지다(이는 뒤에서 더 자세히 다룰 것이다). 다르고 특별하다는 느낌을 주는 것이다.

준비하기 훨씬 어렵긴 하겠지만, 규모가 큰 행사라면 커뮤니티를 키우는 데 큰 효과를 낼 수 있다. 문제는 장소부터 시청각 요소, 티켓팅, 디자인 작업, 음식과 케이터링, 여행 및 숙박, 보험 등 조정해야 할 부분들이 많아진다는 것이다. 하지만 이런 부분들을 적절하게 조합한다면 그 경험은 한 편의 서사가 된다. 얼음 깨기 전략에서 언급했던 남부 캘리포니아의 피트니스 트레이너이자 비즈니스 코치, 나의 멘토이기도 한 샬레인 존슨은 자신의 팬들을 위해 믿기 힘들 정도로 멋진 여러 라이브 행사를 펼쳤다. 나는 그녀가 개최한 여러 행사 중 마케팅 임팩트 아카데미Marketing Impact Academy와 스마트 석세스 세미나Smart Success Seminar에서 연설을 하는 영광을 누렸다. 그녀의 행사에 참석할 때마다 매번 가슴이 벅찰 정도로 깊은 인상을 받았다. 그곳에서 흘러 넘치던 흥분, 에너지, 감정은 이전에는 결코 본 적이 없던 것들이었다. 온라인으로는 그런 느낌을 받을 수 없다. 직접 만나야만 느낄 수 있다. 나는 그렇게 열정적인 청중 앞에 서본 적이 없다. 그들은 무대에 선 나에게 에너지를 불어넣어 주었다.

샬레인의 행사에 크게 고무된 나는 그녀의 행사를 본보기로 삼아 샌디에이고에서 플린콘FlynnCon이라는 라이브 행사를 열기로 결정했다. 당신이 읽고 있는 이 책은 2019년 시작된 첫 플린콘에서 론칭되어 나온 결과물이다. 나는 그 행사에 참석한 모든 사람들에게 선물로 책을 증정했다.[*]

크건 작건 행사를 개최한다는 것은 긴장을 야기한다. 실시간으로 펼쳐지기 때문에, 직접 그 자리에서 소통하면서 최종 사용자의 경험에 지극히 주의를 기울여야 한다. 하지만 너무 걱정할 필요는 없다. 라이브, 특히 온라인 라이브는 생각만큼 떨리지 않는다. 나는 무대에서 너무 긴장하는 성격이라 수년 동안 무대는커녕 온라인 스트리밍조차 거부해 온 사람이다. 그러니 내 말을 믿어도 좋다. 보통 온라인에서는 사람들이 모든 것이 딱 떨어지기를 기대하지 않는다. 사실 때때로 배경에 아이들이 등장하거나 벽에서 뭔가가 떨어진다거나 하는 예측 불가능한 일이 벌어진다. 그것들이 이 행사를 더 특별하게 만든다. 실제와 더 가까운 그런 분위기 때문에 사람들은 당신을 더 각별하게 느낀다.

마지막으로 실행에 앞서 기억해야 할 것이 있다. 이 일의 중심은 당신이 아니다. 마법은 당신이 커뮤니티를 한데 모았을 때 일어난다. 이 일의 중심은 경험이며, 경험은 커뮤니티의 구성원들이 그 안에서 서로 유대를 형성하는 자기 자신을 발견할 때 비로소 강화된다.

에이프릴이 처음으로 백스트리트보이스의 공연에 갔을 때 그녀의 옆에는 단짝 친구가, 반대쪽에는 아마도 비슷한 나이의 알지 못하는 소녀가 있었다. 그들은 바로 대화를 시작했다. 어떻게? 그들은 이미 공통점을 갖고 있었고, 그 공통점이 없었다면 그 자리에 있지 않았을 것이기 때문이다. 사전 공연이 있은 후 막간을 이용해서 그들은 대화를 나누었고 모두 가장 좋아하는 멤버가 닉이라는 것을 발견했다! 세 소녀는 밤새 노래를 부르고 춤을 추며 평생 잊을 수

＊ 플린콘에 대한 정보를 더 원한다면 FlynnCon1.com을 참고하라. 그곳에서 여러분과 만나게 되길!

없는 시간을 가졌다.

　공연에서 가장 중요한 것은 커뮤니티다. 커뮤니티의 중심은 사람들이다. 팬들과 함께하는 당신, 당신과 함께하는 팬들이다. 그렇다면 누가 당신 커뮤니티일까? 당신의 커뮤니티라는 것을 어떻게 알아보고 하나의 무리로 구분할까? 이제 활발한 구독자들에게 정체성을 부여하고 그들을 한데 모이게 해서 결집력을 더욱 높일 시간이 왔다. 이것이 이어서 이야기할 내용이다.

연습　　　　　　　　　　　　　　EXERCISE

첫 공연을 무대에 올리자. 해본 적 없거나 직접 진행할 자원이 없다면 온라인을 추천한다. 사람들 앞에 모습을 드러내고 이야기하는 일에 익숙해질 수 있다.

STEP 1

공연에 사용할 플랫폼을 결정한다. 이것을 알 수 있는 가장 쉬운 방법은 두 가지다. 나와 청중이 어떤 플랫폼을 가장 편안해하는지, 청중이 대체로 당신과 시간을 보내는 곳이 어디인지 알면 된다.

STEP 2

날짜와 시간을 정하고 청중에게 알린다. 이 작업은 바로 실행해야 한다. 알리고 나면 팬들에게 정말 모습을 드러내야 한다는 책임감이 생기기 때문이다.

STEP 3

행사에서 이야기할 내용 중 요점 세 가지를 짧게 정리해 둔다. 가장 자주 받는 질문에 답을 할 수도 있고, 당신의 업무 노하우를 알려줄 수도 있다. 무엇이든 공연 중에 볼 수 있는 장소에 간단하게 메모로 남겨 놓자.

STEP 4

예행 연습을 한다. 이는 하나의 실수도 없어야 한다는 뜻이 아니다. 목적은 당신의 진짜 모습이 어떤지 보여주는 데 있다. 다만 시작과 끝. 중간에 필요한 말 몇 가지는 연습해 놓으면 도움이 된다.

STEP 5

약속한 시간에 무대에 올라 생방송을 진행하며 그 시간을 즐긴다.

11장
이름이 생기는 순간

1966년 9월 8일, 〈스타 트렉: 디 오리지널 시리즈*Star Trek: The Original Series*〉의 첫 회가 NBC에서 방영되었다. 평가는 엇갈렸다. 잡지 〈버라이어티*Variety*〉는 "성공할 것 같지 않다"고 평했고, 첫 시즌 동안의 비교적 저조한 시청률을 보며 대부분의 사람들은 〈스타 트렉〉 프로젝트가 취소될 것이라고 점쳤다. 하지만 놀랍게도 이 프로그램은 회를 거듭하며 팬 커뮤니티에 영감을 불어넣어 주었다.

한 시즌이 끝났을 뿐인데 NBC 우편실에는 2만 9,000통의 팬레터가 도착했다. "몽키스*The Monkees*(동명의 락밴드를 만들어 출연시킨 시트콤─옮긴이)"를 제외하고 NBC의 어떤 간판 프로들보다도 많은 팬레터를 받은 것이다. 1967년 말 편성이 취소되었다는 루머가 돌고 난 뒤, 〈스타 트렉〉의 크리에이터 진 로든베리*Gene Roddenberry*는 프로그램을 구하기 위한 비밀 운동을 이끌며 자금을 댔다. 로든버리 팀은 공상 과학 컨벤션의 주소 목록에 있는 4,000명의 사람들을 이용했다. 그들에게 NBC에 폐지 반대 편지를 보내고 이에 함께해 줄 10명의 친구를 찾아달라고 부탁한 것이다.

1967년 12월부터 1968년 3월까지 NBC로 11만 6,000통의 편지가 쏟아져 들어왔다. 여러 신문들이 이 운동을 지원하기 위한 사설을 썼고, 캘리포니아 공과 대학, 매사추세츠 공과 대학, 버클리 대학 등의 학생들은 "스포크를 보여달라", "벌컨 파워"라는 피켓을 들고 방영 취소에 반대하는 시위까지 벌였다.

1968년 3월 1일, NBC는 프로그램을 다시 시작하겠다는 공식 발표를 방송하기로 했다. 방송사로서는 대단히 이례적인 행보였다. 아마도 사람들이 편지를 그만 보내길 바랐기 때문인 것 같다. 하지만 발표 후 프로그램 재개에 대한 감사 편지가 항의 편지만큼이나 많이 도착했다. 이후 총 31개 시즌, 740개 에피소드에 이르는 다양한 버전의 〈스타 트렉〉이 방송되었다.

좋아하는 것을 지원하기 위해 결집할 때, 그 힘은 대상의 운명을 바꿀 정도로 커질 수 있다. 〈스타 트렉〉을 구한 것은 트레키즈^{Trekkies}였다. 공상 과학 소설 작가 아서 W. 사하^{Arthur W. Saha}가 공상 과학 부문에 대한 관심, 특히 〈스타 트렉〉 시청자 중 거의 광적인 팬덤에 주목하기 시작한 후 1967년 〈TV 가이드^{TV Guide}〉 잡지사와의 인터뷰에서 트레키라는 말을 처음으로 사용했다. 그 이름이 정착되어 지금까지도 〈스타 트렉〉의 팬들은 자신과 서로를 트레키라고 부르고, 그 이름 아래 매년 수만 명이 함께 모이는 여러 컨벤션과 행사를 가진다. 그들은 그곳에 가면 누구를 만나게 될지 정확히 알고 있다. 자기 자신과 같은 사람들이다.

단순한 것처럼 보이지만 이름은 정말 큰 힘을 가진다. 이름이 있는 커뮤니티의 일원이 되면, 브랜드나 아티스트를 중심으로 공통의 목표를 위해 기꺼이 싸움에 나서는 집단의 일원이라는 신분이 생긴다. 가수 테일러 스위프트Taylor Swift는 스위프티즈Swifties라는 팬클럽을 가지고 있다. 이 팬클럽을 이루는 수백만의 사람들은 그녀의 음악을 좋아할 뿐 아니라 그녀가 필요로 할 때마다 아낌없는 도움을 준다. 레코드 레이블이나 음악 플랫폼에 대한 반대 의견이든, 미디어의 소문이든, 카녜이 웨스트가 무대에서 그녀의 시간을 빼앗은 일이든 스위프티들은 마치 자신의 생사가 걸린 것처럼 자신들의 우상을 지키기 위해 나선다. 저스틴 비버Justin Bieber와 그의 팬클럽 빌리버즈Beliebers, 레이디 가가Lady Gaga와 그녀의 팬클럽 리틀 몬스터즈Little Monsters, 비욘세Beyonce와 비하이브Beyhive, 2016년 원디렉션One Direction이 해체했을 때 가슴이 찢어지는 고통을 맛본 디렉셔너즈Directioners도 마찬가지다. 《해리 포터Harry Potter》시리즈의 팬 포터헤즈Potterheads와 《트와일라잇Twilight》시리즈의 팬인 트위하즈Twi-hards도 있다.

이름을 가진 팬 커뮤니티는 TV 프로그램이나 영화, 뮤지션들에게만 있는 것이 아니다. 스포츠팀도 팬들에게 이름을 지어준다. 미국 풋볼팀 오클랜드 레이더스Oakland Raiders의 팬들은 레이더 네이션Raider Nation으로 알려져 있다. 오클랜드 레이더스의 슈퍼팬들은 해

적과 같은 의상과 미친 듯한 에너지로 풋볼 팬들 중에서도 가장 유명하다. 이들은 심지어 경기장에 그들끼리만 모일 수 있는, 블랙홀^{Black Hole}이라는 구획까지 갖고 있다. 시애틀 시호크스^{Seattle Seahawks}나 텍사스 A&M^{Texas A&M}과 같은 풋볼팀들은 팬들을 12번째 선수라고 부른다. 12번째 선수라고 불리게 되면, 팬들은 경기장에 나가는 11명의 선수와 함께 경기장에 나가 있는 듯한 느낌을 받는다. 홈팀 선수들도 그들 덕분에 경쟁 우위를 얻게 된다.

당신은 음악가도, 스포츠팀도, 영화도, TV 프로그램도 아니므로 커뮤니티에 이름을 지어줄 수 없다고 생각하고 있는가? 그렇지 않다. 당신도 청중에게 이름을 지어줄 수 있고 또 반드시 그렇게 해야 한다! 많은 유튜버가 팬 커뮤니티에 아주 재치 있는 이름을 지어준다. 당신도 재미있는 이름을 시도해 보라. 미국의 코미디언이자 300만의 구독자를 거느린 유튜버 그레이스 헬빅^{Grace Helbig}은 자신의 팬클럽에 '그레이스주의자'라는 뜻의 그레이시스트^{Gracists}라는 이름을 지어줬다. 브이로그를 운영하는 존 그린^{John Green}과 행크 그린^{Hank Green} 형제는 팬들에게 피와 살이 아닌 멋짐으로 가득한 사람이라는 서사를 담아 너드파이터즈^{Nerdfighters}라는 이름을 붙여주었다. 심지어 팬들을 나타내는 휘장도 갖고 있다. 이런 식으로 엉뚱한 이름을 붙일 수도 있고 퓨디파이^{PewDiePie}처럼 직관적인 접근법을 사용할 수도 있다. 9,000만이 넘는 구독자를 가진, 역사상 가장 인기 있는 유튜버 퓨디파이는 헌신적인 팔로워들에게 형제들이라는 뜻의 브로스^{Bros}라는 이름을 붙였다.

팟캐스터 운영자들도 팬들에게 이름을 지어준다. 오랫동안 팟캐스트를 운영해 온 내 친구 존 리 뒤마^{John Lee Dumas}는 다른 기업가들과 2,000회의 인터뷰를 녹화해 그의 팟캐스트 〈불붙은 기업가들^{Entrepreneurs on Fire}〉을 통해 방송했다. 그는 자신의 커뮤니티에 파이어 네이션^{Fire Nation}이라는 이름을 붙였다. 그는 행사에서 파이어 네이션만을 위한 모임을 가지며, 이를 통해 그의 커뮤니티는 구성원끼리는 물론 브랜드와도 더 가까워진다. 그가 커뮤니티에 열의를 불어넣기 위해 가장 자주 사용하는 구호가 있다. "불타오를 준비가 됐나요?"

나는 2018년까지 내 커뮤니티에 이름을 붙이지 않았다. 그 전까지 팬들은 SPI 커뮤니티로 불렸다. 하지만 사람들이 커뮤니티에 이름으로 정체성을 부여하는 모습을 지켜보며 우리 역시 의미가 있는 이름을 붙여야겠다고 결심했다. 우리를 한데 모이게 할 의미 있는 이름, 무한 경쟁 속에서 사람들에게 도움을 주겠다는 대의 아래 단합하는 우리에게 도움을 줄 이름이 없을까? 이런 고민을 거쳐 내 커뮤니티에 팀 플린^{Team Flynn}이라는 이름이 생겨났다.

늘 이야기하듯이, 우리는 같은 팀의 일원이다. 나는 당신이 신뢰할 수 있는 팀의 대장으로 가장 많은 경험을 갖고 있지만, 때로는 당신에게 공을 패스하고 점수를 올릴 기회를 줄 것이다. 내가 커뮤니티의 이름으로 팀 플린을 채택하고 커뮤니티와 소통하는 언어에 그 말을 사용하자, 팀의 일원이 된 것에 고맙게 생각한다는 수많은 댓글이 달리기 시작했다(특히 유튜브에 많은 댓글이 달렸다). 대부분의 댓글은 "팀 플린, 승리를 향하여!"였다.

당신도 커뮤니티에 이름을 꼭 지어주기를 바란다. 팬 정체성을 강화하고, 사람들이 힘을 합치게 만드는 대단히 좋은 방법이다. 때로 사람들이 스스로 이름을 생각해 내는 경우도 있다. 하지만, 당신이 직접 이름을 만들어 사람들에게 친숙해질 때까지 계속해서 사용해야 할 가능성이 더 높다.

이름을 가진 커뮤니티는 사람들로 하여금 친밀감을 가지고 한데 모이게 만든다. 다음 전략에서는 모임을 효과적으로 사용해 사람들을 한자리에 모을 것이다. 그다음 그들이 그 자리에서 당신과 또 서로 더욱 강한 유대를 형성할 수 있게 만드는 방법을 주로 다룰 것이다.

연습

커뮤니티의 이름을 만들어 보자.

STEP 1

브레인스토밍으로 커뮤니티의 이름 후보를 만든다. 여기엔 지켜야 할 기본 지침이 있다.

- ▶ 매력적이고 기억에 남는 것이어야 한다.
- ▶ 당신과 당신 브랜드의 가치관과 생각을 담아야 한다.
- ▶ 청중이 당신과 구성원을 통해 떠올렸으면 하는 커뮤니티의 느낌을 구현 한다.
- ▶ 다른 이름과 혼동되지 않을 만큼 독창적이어야 한다.

STEP 2

목록의 이름 중에 가장 좋은 것을 선택한다. 앞서 살펴본 7장의 전략을 활용해 청중에게 직접 결정하도록 맡길 수도 있다.

STEP 3

이름을 골랐다면 사용하자! 한동안 계속 사용하면 사람들이 커뮤니티를 이름으로 연상할 것이다. 시간이 흐르면 사람들도 커뮤니티 이름의 구성원으로서 서로 관계를 맺기 시작할 것이다.

STEP 4

이름이 입에 붙을 만큼 익숙해졌다면 이름을 드러낼 티셔츠, 스티커, 손가방 등 굿즈 제작을 고려해 본다. 이런 굿즈들은 사람들이 정체성이 같은 커뮤니티의 일원임을 느끼게 하는 데 유용하다.

STEP 5

"팀 플린, 승리를 향하여!"라는 내 구호, "불타오를 준비가 됐나요?"라는 존 리 뒤마의 구호처럼 커뮤니티 이름과 관련 있는 문장이나 어구를 만들어 보는 것도 좋다. 진부하지 않은지, 정말 사람들이 계속 이야기해도 좋은지 신중히 생각해 본다.

12장
서로는 서로를 당긴다

핀콘13^{FinCon 13}의 강연을 위해 세인트루이스로 향하던 도중, 나는 식당의 널찍한 자리를 빌려 100명의 팬을 SPI 저녁 식사에 초대했다. 이날 나는 많은 사람과 악수를 나누고, 포옹을 하고, 수도 없이 사진을 찍었다. 늘 그렇듯 커뮤니티의 사람들을 직접 만나는 일은 놀라웠다. 나는 그런 기회를 이용해 팬들에게 많은 질문을 한다. "제 팟캐스트에서 가장 마음에 드는 에피소드는 뭐였나요?" "당신에게 더 도움이 될 만한 일이 뭐가 있을까요?" 자리한 모든 사람의 이야기를 듣기 위해 노력한다. 나는 그 자리에서 많은 힌트를 얻어 집에 도착한 뒤 내 비즈니스에 적용한다.

식사를 마친 나는 아직 이야기할 기회를 얻지 못한 여성이 있다는 것을 알아차렸다. 모두 식당을 빠져나가는 동안 나는 그녀에게

다가가 사과의 말을 건넸다. 이야기할 시간을 내지 못해 미안하다고 말이다. 그녀의 대답은 내 예상을 완전히 빗나갔다.

"팻, 정말 감사해요. 그런데 오해는 마세요. 전 여기 당신을 만나러 온 게 아니에요." 조금 당황스러웠다. 하지만 그녀가 말을 이어갔다. "전 당신 팬이고 당신이 하는 일을 정말 좋아해요. 매일 당신의 팟캐스트를 듣죠. 그런데 전 저와 비슷한 수준의 다른 기업가를 직접 만나본 적이 없었어요. 이런 자리를 마련해 새 친구들을 만날 기회를 주셔서 정말 감사해요."

바로 이것이 모임의 핵심이다. 공연이 커뮤니티 구성원을 한데 모아서 당신을 만나게 하는 일이라면, 모임은 커뮤니티 구성원을 한데 모아서 서로를 만나게 하는 일이다.

나는 매달 샌디에이고에서 기업가 모임을 주최한다. 샌디에이고 기업가 그룹^{San diego Entrepreneurs Group}이라고 불리는 이 모임은 2016년에 시작되었다. 30~50대의 사람들이 매달 모임을 갖는다. 매년 샌디에이고에서 열리는 콘퍼런스 직전엔 좀 더 큰 규모로 연례행사를 갖는다. (이 모임에는 최대 400명까지 참석한다.) 사람들이 소속감을, 자기 사람들과 함께 있다는 느낌을 받게 돕는 것은 멋진 일이다. 투입해야 할 자원은 많지 않았고, 참가비는 무료였다(지역의 위워크^{WeWork} 협업 공간에서 개최되었다). 하지만 내 사업에는 실질적인 도움을 상당히 많이 주었다. 여러 사람이 다른 사람을 그룹에 초대했다. 내게는 청중과의 유대를 이어갈 수 있는 훌륭한 방법이었다.

모임이 유대 커뮤니티를 만드는 데 유용한 것은 목적과 크기가 다양하기 때문이다. 함께 식사하는 정도의 격식 없는 자리일 수도 있고, 마스터마인드 그룹처럼 좀 더 체계적인 모임일 수도 있다. 전 세계의 여러 장소에서 동시에 이루어지는 온라인 행사가 될 수도 있다. 오랜만에 레고 만들기에 빠질 수 있는 좋은 핑계가 될 수도 있다.

앞서 말한 성인 레고 팬^{AFOL}이야말로 모임을 통한 커뮤니티 구축의 표본이라고 할 수 있다. 이 세계적인 레고광들의 조직은 그 규모가 너무 커서 그들만의 위키피디아와 레딧을 가지고 있을 정도다. 그뿐 아니다. 전 세계의 지부가 정기적인 실제 모임을 개최한다. 이런 모임에서 팬들은 협력해 레고를 만들거나 레고 만들기 경쟁을 하고, 사람을 사귀고, 희귀한 레고 세트 경매를 진행하기도 한다. 레고 팬들은 자신과 비슷한 사람들과 함께 모여 그들이 사랑하는 브랜드와 활동을 공유하는 소중한 시간을 갖는다. 모임을 위해 치밀한 사전 계획이 필요하거나, 물류에 관련된 많은 문제를 해결해야 하는 것은 아니다. 그들에게 모임은 레고에 대한 애정과 커뮤니티의 일원이 되고자 하는 욕구를 한꺼번에 해소하는 좋은 수단이다.

공통의 관심사를 중심으로 사람들이 모이는 현상은 플라스틱 블록으로 새로운 세상을 만드는 것을 좋아하는 성인들에 한정되는 것이 아니다. 모임이라는 것 자체가 이미 우리가 깊이 생각해 볼 만한 현상이다. AFOL 모임은 전 세계에서 갖가지 관심사를 중심으로 매일 벌어지는 많은 모임 중 하나일 뿐이다.

2017년 현재, 웹사이트 밋업닷컴^{Meetup.com}은 아마도 온라인에서 실제 모임을 계획하는 가장 인기 있는 사이트일 것이다. 100개국에 걸친 800만의 회원들이 밋업닷컴에서 8만 개 이상의 "밋업 그룹Meetup Groups"을 조직해 매주 5만 개의 모임을 기획한다.

모임은 유대 형성 커뮤니티를 구축하는 아주 훌륭하고 사용하기 쉬운 방법이다. 스콧 딘스모어Scott Dinsmore보다 모임이 가지는 힘을 잘 보여주는 사람은 없을 것이다. 스콧은 리브유어레전드닷넷LiveYourLegend.net에서 놀라운 팬덤을 구축했다. 그와 그의 아내 첼시는 리브유어레전드닷넷을 통해 전 세계의 사람이 최고의 삶을 살아가도록 돕는 일을 한다. 리브 유어 레전드 로컬Live Your Legend LOCAL이라 불리는 이 브랜드의 모임은, 커뮤니티를 구축하고 브랜드의 사업을 뒷받침하는 데 큰 역할을 한다. 스콧은 모임을 다음과 같이 표현한다.

"리브 유어 레전드 로컬에 대한 제 평생의 목표는 전 세계 모든 도시와 마을로부터 30킬로미터 내에 리브 유어 레전드 로컬 커뮤니티를 만드는 것입니다. 당신이 어디에 있든지, 실제 지역 지원 그룹이 당신이 의미 있는 일을 찾고 실행하는 데 도움을 줄 수 있도록 말입니다."

그들은 전 세계 각 지역 주최자를 찾아 모임을 지원한다. 어디에 살고 있든 커뮤니티가 서로를 만나는 기회를 가질 수 있도록 말이다. 리브 유어 레전드 커뮤니티에는 100개 이상의 도시를 대표하는 16만 명 이상의 사람들이 참여하고 있다.

스콧은 내 좋은 친구였다. 나는 그를 직접 만났고 식사를 몇 번 같이 했다. 그가 하는 모든 말, 모든 행동에서 에너지가 넘쳐흘렀다. 그는 세계를 하나로 만들겠다는 사명에 진심을 다하고 있었다. 안타깝게도 그는 2015년 킬리만자로를 등반하던 도중 정상에서 떨어지는 바위에 맞아 숨을 거뒀다. 나와 그가 속해 있던 블로깅 커뮤니티의 사람들은 큰 충격을 받았다. 리빙 레전드Living Legends 커뮤니티에 크나큰 손실이었음은 말할 나위도 없다.

스콧의 아내 첼시는 그들이 함께 구축한 커뮤니티를 육성시키는 일을 계속 진행하고 있다. 스콧은 이제 우리와 함께하지 못하지만 리빙 레전드 커뮤니티를 성장시키기 위한 그의 노력은 아직도 살아 숨 쉬고 있다. 9월 15일, 그의 죽음을 발표한 뒤 리빙 유어 레전드 팀은 팀 블로그에 이런 글을 남겼다. "너무나 충격적인 이 소식을 감당하는 와중에도 우리는 스콧이 이루어 놓은 이 놀라운 커뮤니티로부터 위안을 얻습니다. 그는 가능성, 영감, 올곧은 행동이라는 훌륭한 유산을 남겼습니다."

스콧은 그 자체로 전설이다. 그와 그가 따랐던 큰 뜻은 그가 만든 커뮤니티에 계속 존재하고 있다. 화합한다는 것이 어떤 의미인지 그보다 확실히 보여준 사람은 없었다. 그는 말콤 글래드웰Malcolm Gladwell의 표현대로, "커넥터Connector"였다.

글래드웰은 그의 책 《티핑포인트The Tipping Point》에서 메이븐Maven, 커넥터, 세일즈맨Salesperson까지 세 가지 유형의 사람들이 세상을 이루고 있다고 이야기한다. 이들의 차이는 변화를 일으키는 방법에 있다. 메이븐은 아이디어와 정보를 통해 변화를 일으킨다. 엔지니어, 과학자, 기타 데이터와 프로세스에 관심이 있는 사람들이 이에 속한다. 커넥터는 사람들을 연결함으로써 변화를 일으킨다. 그들은 사람들 사이에서 네트워킹의 "중심hub"이 되는 사람이다. 세일즈맨은 설득을 통해서 변화를 일으키는 사람이다. 세일즈맨은 스토리를 어떻게 전달하고 어떻게 설득해야 사람들이 특정한 방식으로 생각하거나 행동하게 할 수 있는지 알고 있다.

이 가운데 당신은 어떤 유형인가? 다른 설명보다 유독 당신과 합치되는 유형이 있을 것이다. 단, 한 가지 말해두고 싶은 것이 있다. 자신을 메이븐이나 세일즈맨에 가깝다고 생각하더라도, 내면의 커넥터를 깨우는 데 도전해야 한다. 이는 사람들을 한데 모으는 전략을 성공시키는 데 도움이 되기 때문이다.

그럼 이것이 당신의 천성이 아닌 경우는 어떻게 해야 할까?《티핑 포인트》에서 글래드웰은 타고난 커넥터였던 로이스 와이즈버그Lois Weisberg의 이야기를 들려준다.

와이즈버그의 친구는 내게 이렇게 얘기했다. "그녀는 언제나 이렇게 말해요. '내가 정말 근사한 사람을 만났거든. 너도 분명 좋아하게 될 거야.' 그리고는 그 사람이 태어나 처음 만나본 사람이기라도 한 것처럼 그 사람에 대해 열변을 토해요. 그런데 말이죠. 그녀의 말은 대부분 맞아요." 와이즈버그의 또 다른 친구인 헬렌 도리아Helen Doria는 내게 이렇게 얘기했다. "로이스는 당신 안에 있는, 당신 자신도 미처 모르고 있던

것을 발견해요." 말은 다르지만 두 사람은 똑같은 얘기를 하고 있다. 로
이스는 자신이 만난 사람과 관계를 맺을 때 도움이 되는, 어떤 뛰어난
본능을 갖고 있다고 말이다.[*]

"커넥터들이 보는 세상은 우리가 보는 세상과 다르다. 그들은 가
능성을 본다." 글래드웰은 계속해서 이야기한다. 로이스와 같은 커
넥터는 만나는 모든 사람에게서 가치를 발견한다. 그들은 모든 사람
을 그 모습 그대로 좋아한다. 그들은 만나는 모든 사람의 진짜 잠재
력을 발견한다.

참여가 활발한 브랜드와 커뮤니티를 만들고 싶다면, 내면의 커넥
터를 이용해야만 한다. 당신이 가진 커넥터로서의 재능이 아무리 작
더라도 말이다. 글래드웰이 묘사한 본능까지는 아니라도 괜찮다. 상
대의 흥미로운 측면을 찾고, 우리 편으로 반갑게 맞이하고, 그들이
자신이 가진 특유한 역량과 식견을 다른 이들과 공유하려는 의식을
갖게 만들면 된다.

커넥터의 사고방식이 당신 내면의 큰 부분을 차지하지 않아도 괜
찮다. 작은 부분을 잘 활용하면 당신보다 훨씬 큰 존재, 또는 그 자
체로 추진력을 지닌 존재에 시동을 걸 수 있다. 사람들은 당신의 모
임에서 경험한 연결 에너지를 흥미로운 방식을 통해 외부로 돌릴
것이다. 내 모임에 온 사람들은 관계 형성에 그치지 않고, 친구 관계

---

[*] 말콤 글래드웰, 《티핑포인트》

를 맺고, 동업자가 되고, 심지어는 더 넓은 범위에서 마법이 일어나도록 자기 모임이나 마스터마인드 그룹을 만들어 낸다.

다이앤과 케이시를 비롯한 몇몇 사람들은 SPI 모임을 통해 경험한 커뮤니티의 유대에 대해서 내게 이야기해 주었다. 다이앤은 첫 모임 참석을 통해서 커뮤니티에 계속 참여하고 싶다는 마음을 갖게 되었으며, 케이시는 첫 모임 후 SPI 페이스북 그룹에 참여했다. 케이시는 현재 내가 보내는 이메일들을 관심 깊게 보고 있다는 말도 전했다.

지속되는 모임은 정기적으로 참석하는 사람들에게 더 큰 가치를 제공한다. 웬디는 정기 모임을 통해 계속 새로운 것을 배우며 성장한다고 믿고 있다. 그녀는 정보나 자원을 필요로 할 때 모임에 의지한다. 그녀는 정기 모임에서 2년 전 만난 사람과 강력한 유대를 형성해 지금은 책임감을 갖고 동업 관계를 유지하고 있다.

커뮤니티에 이름을 지어주고 공연을 무대에 올린 뒤, 모임을 만들어 사람들을 한데 모으는 일까지 할 수 있게 되었다. 이제 구독자들이 특유의 역량, 성과, 야심을 널리 알릴 수 있는 곳으로 그들을 끌어들이고, 그들을 커뮤니티에 더 적극적으로 참여하는 구성원으로 만드는 일에 집중해 보자.

연습

커뮤니티 안에 작은 모임을 만들자!

STEP 1

날짜, 장소를 정하고 얼마나 많은 사람을 오게 할지 아이디어를 낸다. 격식을 갖출 필요는 없다. 동네 카페나 공원에서 이루어지는 가벼운 만남도 괜찮다. (나는 과거에 3, 4명이 만나는 모임을 주최한 적도 있다. 규모는 작았어도 모임은 더할 나위 없이 좋았다!)

STEP 2

모임을 주최할 수 있는 SNS를 활용해 준비한다.

STEP 3

사람들에게 모임에 관해 알린다! 시간과 장소의 제약 때문에 모두가 모일 수는 없겠지만, 그것은 문제가 아니다. 모임이 언제 어디에서 있을지 알리지 않으면 아무도 나타나지 않는다. 모임을 적극적으로 알려라!

STEP 4

모임에 나가(이름표와 펜을 가져가는 것도 좋다) 대화에 참여하고, 대화를 이끌면서 즐거운 시간을 보낸다.

13장
감격의 순간을 나눠라

어머니 쪽이 필리핀 혈통인 나는 평생 필리핀 문화에 젖어 있었다. 자랄 때는 룸피아^{lumpia}, 판싯^{pancit}, 치킨 아도보^{chicken adobo} 덮밥 같은 음식이 주식이었다. 각자 음식을 가져와 많은 사람이 한 집에 모여 파티를 하는 것이 일상이었고, 그런 파티엔 늘 노래방 기계가 있어 다들 노래를 불렀다. 필리핀인들에 둘러싸여 성장한 내가, 필리핀인으로서 배운 것이 하나 있다. 그들은 자부심이 대단히 강한 민족이라는 점이다. 필리핀인이 매체에서 조금만 긍정적으로 조명을 받는 일이 생기면 온 나라가 들썩일 정도다.

〈아메리칸 아이돌^{American Idol}〉 시즌3에 하와이 호놀룰루에서 태어난 필리핀계 미국인 재스민 트리아스^{Jasmine Trias}가 출연하자, 모든 필리핀인은 필리핀 이민 가정의 장녀인 그녀에 관해 알게 되었다. 우리 어머니와 동네의 모든 필리핀계 부모들은 그녀와 매주 그녀가 불렀던 노래에 관해 주구장창 이야기했다. 어떤 때는 보컬 선생님이라도 된 듯이 그녀의 노래를 분석하기도 했다. 우리는 함께 모여서 TV를 보며 재스민이 다음 라운드에 진출할 수 있도록 전화 투표를 했다. 우리는 그녀가 라운드를 통과할 때마다 뿌듯한 기분을 느꼈다. 그녀는 3위까지 올라갔다.

체급 8개를 석권한 이 시대 최고의 권투선수 매니 파키아오^{Manny Pacquiao}는 필리핀인 사회에 돌풍을 일으킨 또 다른 인물이다. 그의 경기가 있을 때마다 필리핀 커뮤니티 전체가 일을 멈추고 텔레비전 앞에 모였다.

가게들은 문을 닫았고 거리는 텅텅 비었다. 모두가 경기를 지켜보며 필리핀 선수가, 그가 대표하는 나라가 우승하기를 빌고 있었기 때문이다. 권투에 그다지 관심이 없는 사람들도 넋을 잃고 경기를 지켜봤다. 매니는 우리 모두를 대표하고 있었기 때문이다. 그의 우승은 우리 모두의 우승이었다. 그가 지면 우리 모두가 패배감을 느꼈다.

이는 올림픽과 매우 비슷하다. 육상이나 수영, 아이스하키를 직접 하는 사람들은 많지 않다. 대개의 사람들은 경기에 참여한 선수와 개인적인 친분이 없다. 하지만 경쟁이 시작되면 우리는 우리나라를 대표하는 사람들을 응원한다. 때때로 매우 감정적인 상태가 되어 금메달을 잃었다고 아쉬워하며 눈물을 흘리기도, 우승의 감격을 큰소리로 외치기도 한다. 우리는 커뮤니티에 속한 사람이 좋은 성과를 내는 모습을 지켜보길 좋아한다. 이런 일은 우리에게 영감과 감동을 준다. 이처럼 한 사람이 커뮤니티에 주는 영향력이 막대하기 때문에, 커뮤니티 구성원을 주연으로 만들기 위한 특별한 노력이 꼭 필요하다.

몇 년 전까지만 해도 내 아들 케오니는 마인크래프트의 광팬이었다. 케오니는 스탬피 캣Stampy Cat(스탬피롱노우즈Stampylongnose나 스탬피롱헤드Stampylonghead라고도 한다)이란 별명으로 불리는 엄청나게 유명한 마인크래프트 플레이어를 좋아했다. 현재 스탬피 캣의 구독자는 900만이 넘는다. 그는 여러 권의 책을 냈다. 심지어는 마인크래프트 게임 상에는 스탬피 캣 아바타를 본뜬 인형이 있을 정도다. (케오니가 하루에도 몇 편씩 보는) 여러 동영상에서 그는 팬들의 이름을 크게 외친다. 때로는 그가 러브 가든Love Garden이라고 부르는 마인크래프트 세상의 작은 디지털 간판에 팬들의 이름을 띄우기도 한다. 팬들이 그를 위해 작품을 만들어 내면 그는 팬의 이름을 언급하면서 그것을 다른 청중에게 보여준다. 언급된 팬들은 아마 하늘을 나는 기분을 느낄 것이다.

운동 경기가 벌어지는 경기장에 다들 한 번쯤 가보았을 것이다 (혹은 TV 중계를 본 적이 있을 것이다). 쉬는 시간 동안 카메라는 군중 속에서 인물을 찾아 대형 스크린에 그의 모습을 띄우곤 한다. 대부분의 사람들은 이런 관심을 무척 즐겁게 생각한다. 소리를 지르며 스크린에 있는 자신의 모습을 가리키고, 옆 사람과 하이파이브를 한다. 음악이 있을 때는 춤을 추기도 한다(이미 추고 있었다면 동작을 한층 크게 한다). 일반적으로 사람들은 주목받는 것을 좋아한다. 같은 경험을 공유하며 취향이 맞는 사람들과 함께 있을 때는 이 점이 특히 더 도드라진다. NBA 구단주든, 작은 커뮤니티를 발전시키려 노력하는 1인 기업가든 이 특징을 자신에게 유리하도록 이용할 수 있어야 한다.

종종 커뮤니티의 일원이 하고 있는 놀라운 일을 종종 돋보이게 만들어야 한다. 특히 청중이 서로 어떻게 소통하는지 본 이후라면, 모두가 볼 수 있을 만큼 눈에 띄는 사람들이 나타날 것이다. SPI 커뮤니티에서는 이것이 아주 좋은 효과를 발휘했다. 그들과 비슷한 사람이 0에서 사업을 시작해도 성공할 수 있음을 보여줬기 때문이다. 이런 면에서는 당신보다 커뮤니티 구성원들이 더 좋은 성과를 올리기도 한다.

내가 본 가장 멋진 소매 커뮤니티는 처비스Chubbies라는 브랜드의 것이다. 처비스는 남성용 반바지를 만든다. 이 브랜드의 타깃 고객은 무더운 주말에 호숫가에서 바비큐와 파티를 즐기는 주말 여행자다. SPI 팟캐스트 269회에서 처비스의 설립자 톰 몽고메리Tom Montgomery를 인터뷰한 나는, 그들이 내가 본 팬 중 가장 헌신적이고 거대한 팬을 구축했음을 확인했다. 처비의 팬들은 신제품이 출시될 때마다 열광의 도가니에 빠진다. 그러나 더 흥미로운 것은 그들이 이런 팬 기반을 구축한 방법이었다. 처비스는 커뮤니티 구성원을 등장시키는 간단한 전술을 이용했다.

> "인스타그램을 시작한 첫날부터 사진이 계속 올라왔습니다. 사람들
> 은 제품을 받으면 우리에게 사진을 보냈습니다. 놀라웠습니다. 우리 고
> 객들은 대단히 다양하고 재미있는 사람들이었습니다. 그것이 우리 인
> 스타그램 피드의 연료입니다. 우리 인스타그램 피드를 보면, 전체 포스
> 팅의 95퍼센트가 고객들의 것임을 알 수 있습니다."

처비스는 2015년 커뮤니티를 등장시키는 이 아이디어를 완전히
새로운 수준으로 끌어올렸다.

> "이메일이든 인스타그램이든 우리가 원하는 것은 언제나 커뮤니티
> 를 보여주는 것이었습니다. 커뮤니티 고객들과 우리 브랜드의 팬들 중
> 에서 남성 모델을 고용하면서 그 범위를 한껏 넓혔죠. 우리는 그런 사
> 람들을 모델로 씁니다."

내 사업에서도 이와 비슷한 일을 하려고 노력한다. 물론 남성 모
델을 뽑는 것은 아니지만 커뮤니티 구성원을 드러낸다는 점에서는
맥락이 같다. 팟캐스트는 SPI 커뮤니티를 등장시키기에 아주 좋은
장소다. 우리는 사람들을 프로그램에 초대해 그들의 성공담을 커뮤
니티에 공유한다.

고객이 당신의 브랜드를 이용하는 모습을, 어떤 방식으로든 내보
이게끔 만들어야 한다. 이때 주의할 점은, 당신의 제품이 주가 되어
서는 안 된다는 것이다. 주인공은 그들의 경험이다. 그들이 이전에

는 어떠했는지, 지금은 어떤지가 중요하다. 당신의 제품을 이용한 후에 그들에게 어떤 일이 일어났는지를 보여줘야 한다. 당신이 제품을 영업하는 것이 아니라 고객이 당신 대신 영업하게 하는 것이다. 단, 이는 자연스러워야 하며 작위적이거나 공격적이지 않은 방식이어야 한다.

SPI 팟캐스트 275번째 에피소드에서 나는 내 강좌 파워업 팟캐스팅Power-Up Podcating을 듣는 수강생 3명을 인터뷰했다. 나는 파워업 팟캐스팅이 론칭되는 주에 해당 에피소드가 실시간으로 방송되도록 시간대를 맞춰 놓았다. 이 방송은 강좌가 론칭되자마자 100만 달러 단위의 매출을 기록하는 데 큰 기여를 했다. 프로그램에서 언급된 링크로부터 유입된 인원을 추적했고, 이 에피소드를 듣고 강좌를 수강하기로 결심했다는 이메일과 메시지를 엄청나게 많이 받았기에 정확히 알 수 있었다.

이 과정에서는 다양한 범주에 속한 사람들을 등장시키는 것이 좋다. 이런 방법을 사용하면 당신 제품을 읽고, 보고, 듣는 사람이 자신과 유사한 사람을 찾아낼 가능성이 높아진다. 275번째 에피소드에서 나는 〈ADHD 파워 이용하기Harness Your ADHD Power〉 팟캐스트를 운영하는 닥터 B를 초대했다. 그녀는 60세의 나이에 프로그램을 시작했다. 그녀는 컴퓨터 위쪽 벽에 붙여둔 지도 이야기를 들려주었다. 청중이 없었던 국가에서 새롭게 청취자가 생겼을 때마다 그녀는 지도에 핀을 꽂았다. 인터뷰를 진행한 시점에 그녀의 프로그램은 30개국 이상의 청취자가 듣고 있었다. 전 세계의 ADHD 환자들(그리고 ADHD 환자들을 지원하는 사람들)을 돕고 있다는 사실이, 그녀에게 팟캐스트를 계속할 수 있도록 영감을 불어넣었다.

나는 신경심리학자 섀넌 어바인Shannon Irvine도 인터뷰했다. 그녀는 자신의 새로운 팟캐스트를 이용해, 기존의 오프라인 사업을 온라인으로 옮기며 새로운 클라이언트를 얻을 수 있었다고 이야기했다. 그녀가 진행하는 〈에픽 석세스 팟캐스트Epic Success Podcast〉가 사업의 주축으로 자리를 잡았다. 마지막으로 나는 〈디즈니 트래블 시크릿Disney Travel Secret〉의 롭Rob도 출연시켰다. 그는 아내 케리와 함께 팟캐스트로 그들의 디즈니 여행 사업 규모를 348퍼센트 성장시켰다.

나는 SPI 팟캐스트에서 300건 이상의 인터뷰를 진행했다. 인터뷰에 응한 대부분의 사람들은 기업계에서 일류로 인정받는 이들이었다. 하지만 앞에서 언급했듯 커뮤니티의 일원인 프로그램 청취자와 함께할수록 더 많은 참여를 이끌어 낼 수 있다.

내 파워 업 팟캐스팅 속성 워크숍Power Up Podcasting Fast Track Workshop 학생이었던 멜리사 몬테Melissa Monte의 경우도 마찬가지였다. 그녀는 SPI 팟캐스트 318회에 출연했다. 우리는 그녀가 워크숍을 마친 직후 팟캐스트 〈마인드 러브Mind Love〉를 만들고 론칭한 이야기와, 그녀가 그 과정에서 배운 것들에 관해 들었다. 그녀는 인생의 어두웠던 시기와 그 문제들을 극복한 뒤 완전히 새로운 시각을 갖게 된 이야기도 공유했다. 우리는 왜 그녀가 팟캐스트를 시작하기로 마음먹었는지, 팟캐스트 방송이 삶의 목표를 충족시키는 데 어떻게 도움을 주었는지도 이야기했다. 나는 그녀의 상황에 맞추어 일을 다음 단계로 발전시키는 데 도움이 될 조언을 해주었다.

이처럼 청중의 일원을 팟캐스트에 출연시킬 때마다 사람들의 반응은 뜨거웠다. 한 번도 예외는 없었다. 이들의 스토리에 영감을 얻었다는 사람들의 댓글이 가득했다. SPI 팟캐스트 195회에는 언어치료사 캐리 클라크Carrie Clark가 출연해 현명한 수익화, 커뮤니티 구축, 성공적인 멤버십 프로그램으로 자신의 웹사이트 스피치앤랭귀지키즈닷컴SpeechandLanguageKinds.com을 성공적인 자동 수익 시스템으로 만든 이야기를 전한다. 이 에피소드의 댓글들을 몇 개 살펴보자.

같은 언어치료사이자 기업가로서 캐리의 스토리가 특히 흥미로웠습니다! 그녀의 투지가 이룬 성공, 그녀 환자의 성공 모두 몹시 뿌듯하게 느껴집니다. 축하합니다, 캐리. 지금처럼 계속 건승하시길!

이 에피소드가 너무 마음에 들어요. 캐리, 당신은 정말 큰 감동을 줬어요. 팻, 당신도 마찬가지예요. 사업을 만드는 일에 있어서 저는 당신들보다 몇 걸음 뒤에 있지만, 음악 교육계에서 비슷한 일을 하고 있어요. 저 역시 유치원생들과 일하는 것이 너무나 좋아요! 축하합니다!

캐리, 축하해요! 당신은 정말이지 큰 영감과 용기를 주는군요. 저 역시 한 달에 1만 달러 수입을 목표로 하고 있어요.

이 팟캐스트로부터 큰 자극을 받았습니다! 캐리, 당신에게 깊이 공감하고 있어요. 저는 일대일 코칭에 집중하는 재무 코치로 일하고 있지만 한편으로는 제 플랫폼을 다른 쪽으로 넓혀보려 노력하고 있어요. 당신의 이야기는 이 길이 성공할 수 있다는 것을 입증해 주었어요. 당신의 끈기 있는 모습이 너무나 훌륭해 보입니다. 당신이 보여준 인내는 결과에 실망하거나 주저앉고 싶을 때마다 저에게 희망이 되어 줄 것입니다.

놀라운 일을 해낸 "보통" 사람들을 출연시키는 것이, 청중에게 큰 반응을 이끌어 내는 데에는 이유가 있다. 사람들은 이런 서사에 더 깊게 공감한다. 커뮤니티 구성원을 보여주는 것이 중요한 이유가 여기에 있다. 그들은 실재하는 사회적 증거social proof(주변 사람들의 행동이나 태도가 우리 자신의 행동에 끼치는 영향)다. 당신이 제공한 아이디어를 이용해 성공했으나 자신과 비슷한 다른 사람들을 볼 때면, 사람들은 자기가 가진 잠재력도 비슷한 시각에서 본다. 자리를 떠나지 않고 참여하고 싶어 한다.

청중이 자리를 떠나지 않고 참여를 원하게 만들고 싶다면, 그들은 코트로 불러들여 공을 패스하라. 사람들에게 빛날 기회를, 소속감을 느낄 기회를 주어라. 이렇게 비유해 볼까? 당신은 지금까지 훌륭한 무대를 만들어 두었다. 이제 그 무대를 공유하라. 2018년 초, 유명 록밴드 푸파이터스Foo Fighters가 오스트레일리아 브리스베인의 콘서트 무대에서 연주를 하고 있었다. 콘서트가 막바지에 다다랐을 때 조이 맥클레넌Joey McClenan이란 한 팬이 군중 속에서 일어섰다. 그는 전날 밤 만든 팻말을 들고 있었고 거기에는 "제가 몽키 렌치Monkey

Wrench"를 연주할 수 있을까요?"라고 적혀 있었다. 리드 싱어 데이브 그롤Dave Grohl은 조이를 무대 위로 불러서 기타를 건네고 "정말 연주할 수 있겠어요?"라고 물었다(조이는 간절한 마음으로 그렇다고 답했다). 조이는 그가 좋아하는 밴드와 수천 명의 팬들 앞에서 자신의 꿈을 펼칠 수 있었다.

잠깐 록스타가 되었던 조이의 일은 소셜미디어에서 폭발적인 반응을 일으켰다. 사람들은 유튜브 댓글로 자신들의 영웅과 함께 무대에서 기타를 연주하는, 간단하지만 믿기 힘든 기회를 얻은 장면에 열광했다.* 조이의 깜짝 출연 이후 푸 파이터스는 2018년 콘서트에서 몇 차례 더 팬들을 무대로 초대해 기타를 연주하게 했다. 캔자스시티 공연에서는 10살 난 콜리어 룰Collier Rule이 무대에 올라와 밴드와 함께 연주하고, 데이브 그롤의 기타를 맨 채 무대를 내려갔다.

록스타가 되어야만 이 전략을 시도할 수 있는 것은 아니다. 당신과 무대를 공유하고 싶어 하는 사람들에게 무대를 열어놓기만 하면 된다. 2부의 마지막 전략도 이것과 비슷하다. 단, 마지막 전략은 가장 적극적인 청중, 참여의 촉매가 될 준비가 된 청중에게 초점을 맞출 것이다.

---

* 루크 소렌슨Luke Sorensen, "푸파이터스 2018년 브리스베인의 베스트 버전 공연 무대에서 팬인 조이 맥클레넌이 몽키 렌치를 연주하다(BEST VERSION – FOO FIGHTERS Brisbane 2018 fan on stage Joey McClennan plays Monkey Wrench)" (2018년 1월 31일), youtube.com/watch?v=nBYSDnsVGv4

연습

커뮤니티 구성원을 주인공으로 만들어 준다.

STEP 1

블로그 포스트, 팟캐스트 인터뷰, 비디오 인터뷰, 소셜미디어 포스트, 뉴스레터 등 커뮤니티의 사람들을 주인공으로 만들 수 있는 가능한 방법을 모두 찾아 목록으로 만든다.

STEP 2

매체에 따라 등장 유형을 결정한다. 블로그 포스트의 질의 응답 형식, 초대 손님의 포스팅, 인물에 관해 묘사하는 글 등이 그 예가 될 수 있다.

STEP 3

실행 아이디어를 선택한 뒤, 반응과 성공 결과를 특정하기 위해 일정한 시간 동안 꾸준히 이어지는 계획을 세운다. 다른 아이디어는 장래에 사용할 수 있도록 저장해 둔다.

2부 함께하시겠습니까? + 유대 커뮤니티

STEP 4

브랜드 정체성과 인지도에 걸맞은 성취를 낸 사람에게는 "올해의 멤버" 같은 상을 만들어 수여하는 것도 좋다. (팬들을 위한 오프라인 행사를 개최한다면, 무대에서 직접 상을 전달할 수도 있다.)

앞서 말한 전략들은 슈퍼팬을 구축하는 데 있어서 가장 특별한 단계다. 개별 팬을 만드는 데에서 그치는 것이 아니라, 브랜드와 커뮤니티를 한데 모이게 하는 전략이기 때문이다. 당신은 지금 사람들에게 경험을 만들어 주고 있는 것이다. 활발한 구독자에게 그런 마법 같은 순간을 만들고, 그들이 다른 사람에게도 그런 순간을 선사할 수 있게 기회를 주는 것이다. 당신 팀이 큰 경기에서 이겼을 때의 경기장을 생각해 보라. 팬들은 만나본 적도 없는 사람들과 하이파이브를 하고, 심지어 포옹과 키스를 나누며 모두 함께 승리를 축하한다. 그 장소, 그 시간에 함께할 강력한 이유가 존재하지 않는 한, 그들이 한 팀이 아닌 한, 이런 유대는 생기지 않는다.

사람들에게 응원할 대상을 주는 것은 연결을 유지할 이유를 주는 것이다. 따라서 사람들을 한데 모이게, 팀이 되게 해야 한다.

브랜드와 사업을 청중에게 개방하라. 질문과 답이 오가는 자리를 마련하라. 청중이 결정에 힘을 보태도록 만들어라. 그들의 도전 의식을 북돋워 스스로 목표를 이루게 만들고 그 과정에서 서로를 지원하게 하라. 그들을 무대 뒤로 불러 어떻게 마법이 일어나는지 보여주고 그 과정에서 배울 수 있게 하라. 그 다음 그들을 한데 모이게 하라. 당신의 이야기를 들을 수 있는, 서로 끈끈한 관계를 맺을 수 있는 자리를 마련하라. 커뮤니티 구성원이 당신과 함께 무대에 올라 자신의 이야기를 들려줄 기회를 만들어라.

아! 당신의 커뮤니티에 근사한 이름을 붙이는 것도 잊지 말자. 다음 단계에서는 슈퍼팬이 되는 마지막 길을 완성할 네 가지 전략을 배우게 될 것이다. 커뮤니티의 가장 적극적인 구성원을 피라미드 꼭대기로 재빨리 데려가는 팬덤 엘리베이터의 비밀 버튼 조작법을 배워보자.

3부

당신 덕분이에요
슈퍼팬

지금까지 이 책에서 소개한 전략들을 잘 따라왔다면 달리 노력을 더 기울이지 않아도 열성적인 슈퍼팬들을 가질 수 있다. 하지만 다뤄야 할 전략이 몇 가지 더 남아 있다. 이들은 지금까지 알아본 "일대다" 전략보다 높은 단계다. 이런 맞춤형 조치들은 헌신적인 팬들을 팬덤의 최상 계층으로 보내는 데 도움을 줄 것이다.

한 번은 출장 중에 호텔 바에서 노부부를 만난 적이 있다. 내 인생에 가장 중요한, 기억에 남는 만남이었다. 진과 톰 부부는 결혼 50주년을 축하하고 있었다. 두 분이 여전히 깊이 사랑하고 있다는 것은 누구든 알 수 있었다. 내 마음까지 따뜻해졌다.

나는 두 분 사이에 있는 와인 병이 거의 비어 있는 것을 발견하고 결혼 50주년을 기념해 한 병 더 선물해도 괜찮겠느냐고 물었다. 처음에는 사양했지만, 내가 그들과 함께하고 싶다고 말하자 허락해 줬다. 내가 주문한 것이었기 때문에 바텐더는 내게 코르크 마개를 주고 시음도 권했지만, 나는 와인에 관심이 없었다. 나는 진과 톰이 어떻게 그렇게 오랫동안 함께할 수 있었는지에 대해서 더 알고 싶었다. 기혼자인 나는 더 나은 남편이 되는 방법에 관해 배울 기회를 늘 찾고 있다. 결혼 50주년에 호텔 바에서, 운동장에 있는 아이들처럼 깔깔거리고 있는 부부보다 더 나은 조사 대상이 어디 있겠는가?

와인을 몇 모금 마신 후 나는 그들에게 물었다. "50년 동안 결혼 생활을 유지한 비결은 뭔가요? 어떻게 그렇게 하신 거에요?" 두 분은 웃으며 서로를 바라보았다. 그런 질문을 한 사람이 내가 처음이 아님은 확실했다. 두 사람은 바로 답을 하기 시작했다. 진은 고등학교 때 두 사람이 만난 이야기부터 시작했다. 졸업 파티에 같이 가자고 톰이 제안했으나 처음에는 진이 거절했다. 하지만 우여곡절 끝에 결국 두 사람은 함께 졸업 파티에 가게 되어 좋은 시간을 가졌다. 이후 그들은 사귀기 시작했고, 졸업하던 해에 톰이 제안한 대로 같은 대학에 진학했다.

이 시점에 톰이 재빨리 끼어들어 덧붙였다. "그런데 어떻게 졸업 파티에 이 사람을 데려갈 수 있었는지 알아요? 무릎을 꿇고 반지를 보여주면서 파티에 가자고 다시 청했거든!" 그는 아주 크게 웃었다. 술집에 있는 사람들 모두가 우리를 보는 것 같았다. 사람들은 내 입이 귀에 걸린 모습을 보았을 것이다. 정말 재미있는 이야기였기 때문이다.

웃음이 잦아들자 진이 내게 몸을 기울이고 말했다. "팻, 우리가 그렇게 긴 시간 함께할 수 있었던 이유는 이거에요. 매일 아침 커피를 함께 마시고, 잠들기 전에 굿나잇 키스를 하는 것 말고도, 우리의 날들을 서로에게 친절을 베푸는 특별한 행동으로 채우거든요. 보통은 크지 않은, 작은 일들이에요. 그저 일상의 패턴에서 벗어날 가치가 있다는 것을 느끼게 할 만한 일들이요."

일상의 패턴을 깨는 것. 무릎을 치게 만드는 말이다. 그런 의외의 일들은 기억에 남기 마련이다. 오해는 말라. 루틴은 생활의 많은 부분을 큰 고민 없이 자동으로 처리할 수 있게 해주는 좋은 존재다. 하지만 사람의 습관적 행동에는 한계가 있다. 당신을 다음 단계로 데려갈 수 있는 것은 습관에서 벗어나는 그 순간이다.

톰은 40대 초반에 자신이 한 일 하나를 예로 들어주었다. "팻, 당신이라면 이 이야기를 마음에 들어 할 것 같네요." 그가 말했다. "어느 날 직장에서 일을 하고 있는데 진이 전화를 했어요. 점심시간이었죠. 돋보기를 집에 두고 왔다고 하더군요. 나는 그녀에게는 비밀로 하고 집에 가서 안경을 집어다 아내의 사무실에 가져다 줬어요. 메모도 하나 끼워 넣었죠. 앞면에는 '이 메모를 읽으려면 안경이 필요하겠지?'라고 쓰고, 뒷면에는 '사랑해'라고 적었어요. 비서가 아내에게 전해줬죠. 세상에, 저녁에 상다리가 부러지는 줄 알았어요."

진이 덧붙였다. "전 안경이 그다지 필요하지 않았어요. 일과가 거의 끝나가고 있었으니까요. 그게 그 일을 더 특별하게 만들어 줬죠. 사무실에 같이 근무하던 직원들도 모두들 그렇게 생각했어요." 그녀는 테드를 바라보며 말했다. "여자인 직원들은 모두 '내 남편도 저렇게 좀 해줬으면!', '나도 저런 남자를 만나고 싶어'라고 말했어요."

진과 톰으로부터 많은 이야기를 들었고 내 이야기도 몇 개 들려줬다. 하지만 한 시간쯤 지난 후에 그들은 지인과의 약속 때문에 자리를 떠야 했다. 인사를 나누고 헤어지면서 결혼기념일을 축하드린다고 다시 한번 이야기했다. 영원히 기억할 좋은 시간이었다. 그들과 헤어진 나는 바로 아내에게 사랑한다고 문자 메시지를 보냈다.

감상적인 사랑 이야기를 좋아하는 사람이든 아니든, 진과 테드의 충고가 정확하다는 점은 부정할 수 없을 것이다. 누군가의 충실한 사랑을 받으려면 다른 사람이 하지 않는 일을 해야 한다. 그저 전과 달라지는 것만으로는 부족하다. 달라지는 것으로는 겨우 마음의 문 앞에 가닿을 수 있을 뿐이다. 늘 깊게 생각하고 배려해야 한다. 당신을 잊지 못하게 만들고, 당신에 관해 이야기하고, 그 이야기를 다른 이에게 전하게 만드는 것은 친절에서 비롯된, 의외의 예기치 못한 행동이다.

4부에서는 당신이 할 수 있는 매우 개인적인 일들을 다룬다. 이런 일은 작은 힘으로도 큰 효과를 만들어 낸다. 커뮤니티 구성원이 자신이 왜 슈퍼팬이 되어야 하는지 이해하고, 커뮤니티에 가진 애정을 다른 사람과 이야기하고 공유하게 만든다.

여기서 핵심은 상황을 변칙적이고 예기치 못하게 만드는 것이다. 청중은 패턴에 익숙해질 것이다. 그 패턴을 깨뜨리고 왜 그들이 당신을 좋아하는지, 왜 당신이 항상 그들의 삶 속에 함께해야 하는지 기억하게 만들어라.

지금부터는 당신이 장애를 뚫고 평생의 슈퍼팬을 구축하기 위해 만들어야 할, 잊지 못할 순간과 기억들에 초점을 맞출 것이다. 2부의 아이디어들 중 일부를 기반으로 삼되, 팬들이 영웅이 된 기분을 느낄 만한 맞춤형 접촉을 곁들일 것이다. 누구나 영웅 이야기를 좋아한다. 당신이 만약 청중을 영웅으로 만들 방법을 알고 있다면, 그들은 평생 당신 곁에 머물 것이다. 이제 당신의 슈퍼팬을 만들어 보자.

14장
디테일하게 기억하라

UC 버클리에서 대학을 다닐 때 나는 인근 마카로니 그릴^{Mac-aroni Grill}에서 서버로 일하며 용돈을 벌었다. 고급 식당은 아니었지만 나는 그곳 음식을 좋아했고, 친구들 몇 명이 이미 그 식당에서 일하고 있었기에 그곳에서 일하는 것이 아주 마음에 들었다. 친구들과 나는 같은 시간대에 근무하면서 재미삼아 작은 게임을 했다. 근무 시간 동안 가장 많은 팁을 받는 사람이 나머지 친구들로부터 10달러씩 받는 게임이었다. 처음에는 3명이서 시작했지만, 동료 몇 명이 더 끼면 6명이 게임을 하게 될 때도 있었다. 게임에서 이기면 50달러가 더 생겼다! 다들 의욕에 넘쳤다. 나는 매번 가능한 한 많은 팁을 받기 위해서 모든 요령을 섭렵하기로 다짐했다.

나는 몇 개의 좋은 요령을 배웠다. 예를 들어 아이를 동반한 가족

194

이 왔을 때는 아이의 만족에 집중하면 많은 팁을 받을 수 있었다. 부모가 된 지금 생각하면 충분히 이해되는 일이다. 부모들이 외식을 할 때 바라는 것은 아무 사고 없이, 아이가 짜증내지 않고 식사를 마치는 것이다. 이것은 0세에서 18세의 연령의 아이가 있는 모든 부모에게 적용된다. 사고 없이 식사를 마칠 수 있게 도와주는 사람에게는 팁이 아깝지 않다.

테이블에 초등학생이 있다면 아주 쉽게 이길 수 있었다. 비법은 크레용이다. 특히 빨강과 파랑이 필요하다. 나는 주머니에 크레용을 넣어 두었다. 테이블에는 보통 무작위로 두 개의 크레용이 놓여 있었고, 주머니에 여분의 크레용을 갖고 있으면 가족들의 주문을 받고 난 후 아이에게 몇 개 더 건네줄 수 있었다. 근데 왜 빨강과 파랑일까? 아이들이 가장 좋아하는 색이기 때문이다. 게다가 하늘과 바다, 하트와 꽃 등 많은 것을 그릴 수 있다. 둘 이상의 아이들이 있으면 아이들이 각자 똑같은 색의 크레용을 같은 개수로 갖고 있도록 했다. 더 많거나 더 적어서는 안 된다. 왜냐고? 한 가지만 차이가 나도 아이들은 불평을 시작하기 때문이다. 나눠 쓰면 얼마나 좋겠냐만, 있을 수 없는 일이다. 색도, 개수도 똑같아야 한다.

아이들이 있는 가족에게서도 팁이 많이 나오지만, 가장 팁이 후한 손님은 사실 단골들이다. 그 식당을 정기적으로 방문하는 고객들을 몇 개월 동안 지켜보면, 이들이 주머니를 채워줄 존재라는 것이 확실해진다. 단골이었던 앨버트[Albert]와 레몬 세 조각에 대해 이야기를 해볼까 한다.

앨버트는 중년의 사업가로, 주중 늦은 저녁에 정장 차림으로 동료 한두 명과 함께 식당을 찾곤 했다. 그들은 서류를 보며 매우 중요한 일을 하는 것 같았다. 말을 최대한 적게 걸라는 신호였다. (팁을 받기 위해 내가 사용한 또 다른 요령이다. '고객과 비슷하게 행동해라.' 고객이 말이 많다면 말을 많이 하고, 말수가 적다면 필요 이상의 말을 하지 않는다.)

앨버트를 처음 본 몇 번 동안은 그의 서비스를 맡지 않았다. 마침내 그에게 서비스할 기회를 잡았을 때 나는 그를 조금이라도 더 편하게 만들 방법을 찾으려 노력했다. 첫째, 그의 주문에 주의를 기울였다. 다음에도 주문이 같다면 그것은 그가 늘 먹는 음식일 터였다. 특별한 주문은 없나? 거기에도 주의를 기울였다. 나는 그가 늘 물과 함께 레몬 세 쪽을 요청한다는 것을 알아차렸다. 더도 덜도 아닌 세 쪽이었다. 당연히 기억해 두었다.

그를 서빙한 첫날 그의 수표를 보니 팁은 평균액이었다. 60~70달러 식대에 10달러의 팁을 주었다. 약 15퍼센트였다. 하지만 그 수표를 통해 알게 된 것이 있었다. 바로 그의 이름이다. 나는 다음에 앨버트가 식당을 찾았을 때, 그를 기억하고 있으며 그를 특별하게 대우하고 있다는 느낌을 줘야겠다고 결심했다.

다음번 앨버트가 식당으로 걸어들어 왔을 때, 나는 그와 동료를 자리로 안내한 뒤 바로 주문을 받으러 오겠다고 말했다. 테이블로 가는 길에 나는 두 잔의 물과 앨버트를 위한 레몬 세 쪽이 담긴 작은 접시를 가져갔다. 그리고 그의 이름을 부르며 물었다. "앨버트, 오늘 저녁은 어떻게 준비해 드릴까요?" 평소처럼 스페셜 메뉴나 와인에 관해 떠드는 대신 아주 짧게 질문했고 그 역시 짧게 답했다. "카르멜라 치킨 리카토니 주세요." 역시! 그의 말을 받아 나는 "이 메뉴를 늘 드시는 것으로 생각해도 될까요?"라고 물었다. 그가 잠깐 말없이 나를 보더니 대답했다. "그거 좋죠." 나는 마지막으로 못을 박았다. "이제 식당에 오시면 팻을 찾아주세요. 제가 손님과 동료 분들을 모시겠습니다."

짜잔! 이제 거래가 성사되었다. 앨버트가 일주일에 한 번 식당을 찾을 때마다 대체로 내가 서빙을 맡았다. 내가 없을 때는 동료들이 그가 나를 찾더라고 말해주었다. 이쯤에서 당신은 이런 종류의 관심이 팁에 어떤 영향을 주었는지 궁금할 것이다. 사람들은 다 비슷하다. 불행히도 이런 생각이 대부분의 사람들을 곤경에 빠뜨린다.

지금 당신은 궁금할 수밖에 없다. 이 장을 시작하고 내내 팁에 관해 이야기했으니 말이다. 하지만 사실 팁은 서비스의 결과다. 당신의 수입은 당신이 제공한 서비스의 부산물이다. 누군가에게 예상을 뛰어넘는 서비스를 제공하면, 그에 따른 보상을 받는다. 때로 그것은 돈, 때로는 노출, 때로는 추천, 때로는 감사 인사가 될 것이다. 하지만 우주는 먼저 제공해야만 돌려받을 수 있는 방식으로 돌아간다. 뛰어난 서비스를 제공하고 거기에서 돈이 나오도록 해야 한다. 순서를 지키는 게 중요하다.

그렇다. 앨버트가 주는 팁은 훨씬 늘어났다. 바로 그런 건 아니었다. 하지만 시간이 지나면서 팁은 20~25달러로 올라갔고, 사무실 사람들을 모두 데려왔던 날에는 100달러까지 올라갔다. 앨버트가 오는 날이면 동료들은 으레 팁 많이 받기 게임의 승자를 나라고 점찍었다. 이처럼 먼저 행동하고, 사람에게 주의를 기울여라. 보상이 따라올 것이다.

서빙을 하는 모든 사람에게 레몬 세 쪽을 줄 수는 없다. 그건 레몬 낭비일 뿐이다. 그것은 고객에게 귀를 기울이는 것이 아니다. 고객, 청중, 구독자, 팔로워⋯ 그들은 저마다 다 다르다. 당신이 그들을 위해 거기 있다는 것을 알아주길 바라는가? 그렇다면 그들이 필요로 하는 것과 당신이 그들을 위해 할 수 있는 것에 세심하게 주의를 기울이자. 이에 만족한 그들이 평생 당신 곁을 떠나지 않고 진정한 슈퍼팬으로 남도록 만들어라.

모든 팬에게 개인화된 서비스를 전달할 수 있을까? 그렇지는 않을 것이다. 하지만 레몬 세 쪽은 성공하는 방법에 관한 힌트가 될 수 있다. 상대가 어떤 사람인지 기억하고, 그들과의 상호작용에서 중심을 당신이 아닌 그들에게 두라는 것이다!

사실 상대의 이름을 기억하는 것만으로도 큰 차이를 만들 수 있다. 데일 카네기 Dale Carnegie는 《카네기 인간관계론How to Win Friends and Influence People》에서 이렇게 말했다. "어떤 언어에서든 사람의 이름은 그 사람에게 가장 달콤하고 가장 중요한 소리임을 기억하라."[*] 이름을

---

* 데일 카네기, 《카네기 인간관계론》

부르며 인사하는 것(특히 상대가 예상치 못했을 때)은, 당신이 그를 한 사람의 청중 그 이상으로 생각하며 관심을 갖고 있음을 보여주는 강력한 신호다. 하지만 거기에서 그쳐서는 안 된다. 당신은 사람의 이름을 기억하고 사용하는 것 이상의 일을 할 수 있고, 해야 한다. 그들의 사업, 그들의 가족, 그들의 취미 등 그들 삶의 다른 세부적인 사항들도 기억해야 한다. 이에 호기심을 보이고 관련된 내용을 질문한다. 상대는 기뻐할 것이다.

나는 라이브 행사에 참석할 때 이 전략을 즐겨 사용한다. 콘퍼런스에 참석했을 때는 관중 속에서 아는 얼굴을 꼭 찾아본다. 내 코스를 들은 사람들, 페이스북 커뮤니티에서 적극적으로 활동하는 구성원, 이메일을 통해서 이야기를 나눈 사람들을 말이다.

팬들과 대화할 때는 그들과 그들이 하고 있는 일에 호기심을 보여야 한다. 그들이 어떤 사람인지, 그들의 사업이 어떻게 진행되고 있는지 진심 어린 관심을 보여주면 사람들은 감격한다. 내 코스를 여러 개 구매한 타일러라는 사람이 있다. 그는 상당 기간 동안 SPI 커뮤니티에 적극 참여해 온 구성원이다. 나는 메신저로 그와 대화도 몇 차례 나누었고, 그 대화를 통해 가족에 관해서도 조금 알게 되었다. 타일러를 직접 대면하게 되었을 때 우리는 마치 오래 사귄 친구처럼 곧바로 대화할 수 있었다.

이것이 레몬 세 쪽 전략의 핵심이다. 이 전략에서 중요한 것은 당신이 레몬을 기억한다는 사실이다. 당신이 서비스하는 손님에게, 혹은 콘퍼런스에서 대화를 나누는 팬에게 무엇이 중요한지 충분히 주의를 기울이는 것이 중요하다.

인간적이고 따뜻한 태도를 가지고, 이를 지켜라. 사람들에게 호기심을 가져라. 당신이 그들과의 만남을 기대하고 있었음을 보여주어라. 그들의 니즈와 관심, 그들 삶의 세부적인 사항에 주의를 기울이고 있다는 것을 보여주어라. 그들은 그것을 알아차리고 기뻐할 것이다. 기존 팬들에게 새 메일이 도착했을 때 흥분은 이미 사라진 지 오래다. 하지만 다른 유형들이 있다. 이들과 레몬 세 쪽 전략까지 함께 이용해, 당신의 열성 팬에게 기분 좋은 놀라움을 선사하고 그들을 슈퍼팬으로 키워내자.

연습 EXERCISE

커뮤니티 구성원들에 대해 배우는 시간을 가진다. 이후 다음 행사에서 그 지식을 이용한다. 오프라인, 온라인 모두 적용할 수 있다.

STEP 1

당신과 정기적으로 소통하는 사람들이 있다면, 당신도 그들을 팔로우하라. 당신의 이메일에 답장을 하는 사람, 포스팅에 댓글을 남기는 사람, 라이브 스트리밍에 참여하는 사람이 여기에 해당된다.

STEP 2

이 사람들의 프로필을 훑어본다. 그들이 자주 포스팅하는 주제는 무엇인가? 아이? 반려동물? 음식? 주택 개조나 정원 가꾸기? 만들기? 아이디어를 찾아라. 팬들이 무엇에 관심을 가지는지 알아내라.

STEP 3

다음에 이 사람들과 어떤 식으로든 만나게 되면(포스팅에 댓글을 달거나 라이브 스트리밍에 참여하는 등) 그들의 프로필에서 본 구체적인 것에 관해 질문한다. 그들은 당신이 자신에게 관심을 가진다는 것을 깨닫고 예상보다 훨씬 격한 반응을 보일 것이다.

15장
예상치 못한 메시지

"본조로^{Bonjoro}." "네?" 내가 되물었다. "B-O-N-J-O-U-R, '봉주르^{bonjour}'가 아니고요?"

"아닙니다. 본조로에요. B-O-N-J-O-R-O닷컴^{bonjoro.com}이요." 크리에이터들이 온라인으로 돈을 버는 데 도움을 주기 위해 만들어진 이메일 서비스 플랫폼, 컨버트키트^{ConvertKit}의 설립자 네이선 배리^{Nathan Barry}와 통화를 하는 중이었다. 네이선은 그와 그의 팀이 새 고객의 온보딩^{onboarding}(신참자가 자신의 역할을 감당할 수 있는 기술과 지식을 갖추게 하는 일-옮긴이)을 돕는 새로운 도구에 대해 이야기하고 있었다. 그는 이렇게 설명했다.

> "새 고객이 회원에 가입을 하면, 본조로 앱이 그걸 알려줘요. 화면을
> 밀어서 동영상 녹화 화면을 열면 거기에서 감사 인사를 녹화하고 바로
> 그들에게 보낼 수 있습니다. 그들의 이름을 언급해서 개인화시킬 수도
> 있고요."

맷 래글랜드^{Matt Ragland}는 네이선 회사의 팀원이다. 컨버트키트의 제품 분석가인 맷은 본조로를 관리하고 있다. 네이슨과 대화한 후 나는 그와 그의 팀이 이 도구를 어떻게 사용하는지, 더 중요하게는 이 앱이 사업에 영향을 주었는지, 줬다면 어떤 영향을 주었는지 파악하기 위해 맷과 접촉했다. 맷은 일과 중 2, 3시간을 영상 메시지를 보내는 데 할애한다고 말했다.

> "관심을 보여주는 것은 멋진 일이지만 개인화된 메시지를 보내려면
> 시간이 많이 걸려요. 상상해 보세요. 이메일 서비스 제공업체에 가입을
> 하고(전혀 사적이지 않은 도구) 거기에서 개인화된 메시지를, 심지어
> 당신 이름을 언급하면서 컨버트키트의 가족이 된 걸 환영한다, 고맙다
> 고 하는 메시지를 받는다고 말이에요."

그는 메시지를 받은 사람들의 절반 가까이가 놀랍고 또 행복했다는 답을 보냈다고 했다.

이후 그가 한 말은 나를 깜짝 놀라게 만들었다. 온보드 작업에 본조로를 적용하고 9개월 만에 사용자 이탈률이 12퍼센트 이상 떨어

졌다는 것이다. (이탈률이란 사람들이 유료 서비스 사용을 중지한 비율이다.) 월, 혹은 연 단위로 사용료를 납입해야 하는 제품을 판매하고 있을 경우, 사업은 지속적인 수입에 의존하게 된다. 따라서 사용자 이탈률에 주의를 기울이고, 이를 낮출 방법을 찾는 것이 중요하다. 새 고객들에게 환영 인사 동영상을 보냄으로써 컨버트키트의 이탈률이 단기간 내에 그렇게 크게 줄어들었다니, 정말 놀랍지 않은가! 본조로를 통한 컨버트키트의 성공을 보고 나는 예상치 못한, 사적인 메시지의 힘에 눈을 뜨게 되었다.

이 일을 하는 데에는 다양한 방법이 있다. 이메일을 보낼 수도 있고, 소셜미디어에서 다이렉트 메시지를 보낼 수도 있다. 하지만 상대에게 깊은 인상을 남기고 내면의 슈퍼팬 기질을 끌어내고 싶다면 동영상을 활용하자. 동영상은 다른 어떤 디지털 커뮤니케이션보다 사적인 성격이 강하다. 동영상은 만들고 보내는 데 많은 시간과 정성이 들어갔음을 시사하며, 목소리와 표정이 있는 진짜 사람이 오로지 한 명에게만 향해 있기 때문에 대단히 강한 인상을 남길 수 있다.

컨버트키트가 본조로를 이용해서 새로운 사용자에게 환영의 메시지를 남긴다는 것을 알게 된 후, 나는 내 사업에도 이처럼 즐겁고도 놀라운 순간을 줄 수 있는 방법이 없을까 궁리하기 시작했다.

나는 재빨리 본조로를 다운로드한 뒤, 내 강좌 판매와 연계해 이용하기 시작했다. 나는 어디에 있든 본조로에서 알림 메시지를 보자마자 화면을 밀고, 강좌 진행 방법에 관한 안내의 말을 담은 짧은 감사 동영상을 녹화해 보냈다. 반응은? 대단했다! 고객의 80퍼센트 이상이 답을 보냈다. 사람들은 영상이 얼마나 인상적이었는지 이야기했고, 돈을 보낸 것을 어떻게 바로 알았느냐고 궁금해했다. 맷의 안목이 틀리지 않았음이 증명되었다. 이를 더 다양하게 이용할 수 있는 방법이 있는지 궁금해졌고 기대가 됐다.

운 좋게도 우리는 짧은 동영상을 쉽게 만들 수 있는 시대를 살고 있다. 본조로와 같은 정교한 도구(설치도 매우 간단하다)도 있고, 소셜미디어를 통해 사람들에게 보낼 동영상은 약간의 시간을 투자하면 된다. 손쉽게 누군가의 하루를 기분 좋게 만들 수 있다. 소셜미디어, 팟캐스트, 유튜브 등 온종일 개인화되지 않은 매체를 소비하는 패턴을 끊을 수 있다.

예기치 못한 짧은 영상이 얼마나 큰 힘을 가질 수 있는지 깨달은 후 나는 거기에서 한 발 더 나아갔다. 작은 실험을 해보기로 하고 50명의 오랜 팬들에게 각각 50개의 동영상을 보냈다. 고객도 있었고, 커뮤니티에서 대단히 활발하게 활동하는 사람도 있었으며, 한동안 소식을 듣지 못한 친구와 기업가도 있었다. 이런 개인 맞춤형 동영상은 개별적으로 이름과 이메일을 입력하는 본조로 앱을 이용해 만들어 보냈다. 레몬을 기억하는 전략에 개인 메시지의 힘을 결합한 것이다. 이 모든 일에는 2시간 정도가 소요되었다. 다음 날 나는 동영상에 대한 이메일이 쏟아져 들어온 것을 확인할 수 있었다.

> 팻, 이래서 제가 당신을 좋아할 수밖에 없다니까요. 동영상 감사해요. 당신과 가족들이 건강히 지내시길 빌어요.

와, 얼마나 놀랐는지! 너밖에 없다! 가장 최근에 올린 블로그 포스트가 마음에 쏙 든다는 이야기를 하고 싶었어. 팬이 굉장히 많아졌네! 네가 보낸 영상을 보니 이유를 알고도 남겠어.

팻! 당신은 정말 놀라워요! 시간을 내서 영상을 보내주셔서 감사해요. 정말 이렇게까지 하지 않으셔도 돼요. 영상을 받고 보니 당신 팟캐스트에 대한 리뷰를 약속했었다는 게 생각났어요. 오늘 안에 꼭 보내드릴게요!

이거 정말! 방금 영상을 받았어. 오늘 내게 꼭 필요했던 거야. 기억해 줘서 고맙다. 이런 식의 위안이 얼마나 필요했는지 몰라. 정말 고마워!

당신은 정말 차원이 다르군요! 다음 에피소드를 기대하고 있을게요.

이 일이 엄청나게 혁신적인 방법이 아니라는 점을 기억하자. 누구든 갖가지 이유로 누구에게나 동영상을 보낼 수 있다. 하지만 아직은 많은 사람과 많은 브랜드가 유효하게 활용하지는 않는 전략이다. 따라서 참신함에서 높은 점수를 받을 수 있다. 동영상에는 아직까지 차별화를 가능케 하는 기회가 있다.

이 시점에서 라이브 스트리밍을 하면 어떨까 하는 생각할 수도 있다. 라이브 스트리밍도 좋은 방법이다. 하지만 그 경우에는 일대일이라는 특별함이 없다. 라이브 스트리밍은 커뮤니티 구축에는 아

주 좋은 방법이다. 그러나 커뮤니티의 구성원을 슈퍼팬으로 올라서
게 만드는 차별성은 당신이 시간을 내서(비록 적은 시간이지만) 개
인에 관해 생각했다는 사실에서 비롯된다.

90년대 초 이메일이 등장했을 때는 이메일을 받는 것이 재미있고
흥분되는 일이었다. 나처럼 80년대에 태어난 사람이라면 아메리카
온라인America Online, AOL의 초창기를 기억할 것이다. 이메일을 받을 때
마다(자주 일어나지 않는 일) 열광적으로 "유브 갓 메일!(메일이 도
착했습니다!)"을 외치는 남성의 목소리를 들을 수 있었다. 누군가
자신에게 메일을 보냈다는 사실은 듣는 사람을 흥분시켰다!

지금 같은 일이 일어난다고 상상해 보라. 받은 메일함에 이메일이
도착할 때마다 목소리가 알려준다? 매번? 아마 재빠르게 알림 설정
을 꺼놓을 것이다. 동영상의 장점이 바로 여기서 드러난다. 동영상
에는 참신함이란 요소가 있다. 짜증스럽지 않다! 동영상은 보냄으로
써 당신은 메시지에 사적인 분위기를 더하고 상대가 ①영상을 열어,
②메시지를 받고, ③긍정적인 답을 해야 할 필요를 느끼도록 만들
수 있다. 당신이 먼저 상대에게 흔치 않은 관심을 표현했기 때문이
다. 핵심은 '흔치 않다'는 데 있다.

이 일을 얼마나 자주 해야 할까? 누구에게 영상을 보내야 할까?
답은 당신에게 달려 있다. 단 영상 자체는 꼭 당신 전략의 일부로 만
들어 놓기를 바란다. 새로운 고객이나 새로운 이메일 구독자에게도
영상을 보낼 수 있다. 물론 이메일 주소만 알면 영상을 보내는 것은
어려운 일이 아니다. 소셜미디어에서 당신 혹은 당신 제품에 대해

언급한 사람이 있다면, 30초만 할애해 소셜미디어 플랫폼을 통해 그 사람에게 고마운 마음을 전해보자. 당신 방식, 당신 스타일을 반영해서 상대에게 당신에 관한 더 많은 정보가 전달되도록 하라.

다른 방식으로도 예상치 못한 짧은 동영상을 이용해서 청중과의 연결을 시도할 수 있다. 인스타그램 다이렉트 메시지를 이용하는 것이다. 인스타그램에서 누군가 내게 메시지나 질문을 보내면 나는 종종 짧은 동영상으로 답을 보낸다. 효과가 대단하다. 사람들이 정말 고마워한다. 거기에서 한발 더 나아갈 때도 있다. 내 포스트에 긍정적인 댓글을 남긴 사람에게 직접 연락해 댓글을 달아주어 감사하다는 인사를 전하는 것이다. 그렇게 자주 하는 일은 아니지만, 일단 해보면 대단히 긍정적인 반응을 얻을 수 있다.

이메일 답변이나 메시지 대신 동영상으로 답변을 받는다고 상상해 보자. 1장에서 언급했듯이, 나는 매달 새로운 이메일 구독자 1명에게 연락을 한다. 그들에게 연락을 취해 스카이프^{Skype}로 15분간 이야기를 나눌 수 있겠느냐고 제안한다. 이런 식으로 내 브랜드를 처음 접한 사람과 일대일로 대화하고, 신선한 아이디어를 공유할 기회를 얻는다. 직접 얼굴을 보고 실제로 대화를 나누는 것이 더 좋다는 것은 말할 나위도 없다. 동영상은 그런 일을 가능하게 해준다.

동영상 메시지는 유대가 형성된 커뮤니티와의 상호작용에 사적이고 인간적인 분위기를 덧입힌다. 이는 상대가 당신에게 기대했던 것보다 많은 것을 전달할 수 있는, 대단히 멋지고 쉬운 방법이다. 이렇게 기대를 넘어서는 것은 사람들을 슈퍼팬으로 만드는 중요한 열쇠다. 다음 장에서는 유대 커뮤니티의 구성원을 슈퍼팬으로 전환시키는 전략을 다룰 것이다. 여기에는 사람들을 브랜드 기본 구조의 일부로, 사업 시스템의 일부로 만드는 일이 포함된다.

팔로워들에게 그들을 위해 준비한 짧은 메시지를 보낸다.

STEP 1

정기적으로 당신과 접촉하는 사람들에 관해 파악한다.

STEP 2

정기적으로 당신을 찾는 사람이 남긴 댓글이나 이메일을 보고, 짧은 메시지를 작성해 당신이 고마운 마음을 갖고 있다는 것을 알려라. 길 필요는 없다.

STEP 3

상호작용이 이루어진 동일한 플랫폼을 통해 영상으로 답을 달아본다. 링크를 공유하는 것도 방법이다.

16장
너와 나의 연결고리

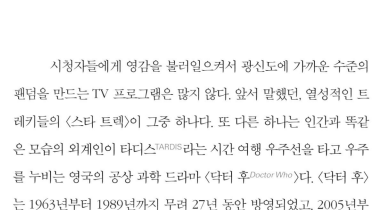

시청자들에게 영감을 불러일으켜서 광신도에 가까운 수준의 팬덤을 만드는 TV 프로그램은 많지 않다. 앞서 말했던, 열성적인 트레키들의 〈스타 트렉〉이 그중 하나다. 또 다른 하나는 인간과 똑같은 모습의 외계인이 타디스^{TARDIS}라는 시간 여행 우주선을 타고 우주를 누비는 영국의 공상 과학 드라마 〈닥터 후$^{Doctor Who}$〉다. 〈닥터 후〉는 1963년부터 1989년까지 무려 27년 동안 방영되었고, 2005년부터 속편이 나와 지금까지 인기를 누리고 있다. 수십 년에 걸쳐 900개에 달하는 에피소드가 방영된 이 드라마는 역사상 가장 많은 사랑을 받은 프로그램 중 하나다.

지금까지 닥터 후를 연기한 배우는 13명에 이른다. 이 프로그램의 큰 매력이자 중요한 특성은 바로 주인공을 연기한 많은 배우와,

기존의 닥터 후가 자리를 넘겨 줄 때마다 팬들 사이에서 조성되는 추측과 흥분감이다. 1972년, 피터 카팔디Peter Capaldi는 스코틀랜드 글래스고에 사는 14살 소년이었다. 그 역시 〈닥터 후〉의 엄청난(엄청난이라고 분명히 말했다) 팬이었다. 그는 정기적으로 신문에 그 프로그램에 가진 애정을 표현하는 편지를 써 보냈다. 그는 〈닥터 후〉 공식 팬클럽에도 엄청난 팬레터를 보내 유명해졌다. 그해 그가 보낸 한 편지에는 자신을 팬클럽 회장으로 만들어 달라는 요청이 담겨 있었다. 애석하게도 그 자리는 이미 내정된 사람이 있었고, 그의 바람은 이루어지지 못했다. 몇 십 년이 더 걸리기는 했지만 카팔디는 이에 관한 엄청난 위로상을 받게 되었다. 당시 닥터 후 역할을 맡았던 맷 스미스Matt Smith가 은퇴하면서 카팔디가 12대 닥터 후로 선정되었다는 소식이 발표된 것이다. 그는 2017년 초까지 닥터 후를 연기했다.

드라마와 함께 숨 쉬고 성장한 사람보다 드라마 주인공으로 적격인 사람이 있을까? 마찬가지로 당신 팀에 오래도록 기여할 사람들로, 당신 브랜드와 함께 숨 쉬고 살아가는 사람보다 적격인 사람은 찾기 힘들 것이다.

앞에서 우리는 커뮤니티 구성원들을 브랜드에 참여시킬 방법을 이야기했다. 이번엔 브랜드와 브랜드의 방향에 관해 커뮤니티가 주인 의식을 가질 기회를 선사해 보자. 아주 작은 기회라도 좋다. 그러면 커뮤니티가 당신의 당신과 사업을 지원할 가능성은 크게 높아진다. 그들이 직접 시간과, 생각과, 에너지를 투자한 브랜드이기 때문이다. 커뮤니티를 브랜드에 직접 관련시키는 것은 강력한 전략이다. 물론 이런 힘은 좋은 쪽으로도 나쁜 쪽으로도 이용될 수 있다. 지금부터는 커뮤니티 참여를 이끌어 낼 아이디어를 다음 단계로 한 차원 더 끌어올리고, 그런 팬들을 깊게 관련시켜 슈퍼팬으로 전환할 방법을 이야기하려 한다.

얼마 전, 가족들과 함께 나는 훌루Hulu를 통해서 디즈니랜드에 관한 특별 방송을 보았다. 이 프로그램에서는 할로윈을 맞아 야간에 공원 전체를 꾸미는 디즈니 직원들의 이야기를 다룬다. 거기에 출연한 직원들 중 디즈니의 슈퍼팬이 얼마나 많던지! 대부분 평생 디즈니의 팬이었던 사람들이었다. 디즈니는 그들의 정체성이었다.

무대 도장을 하는 안토니오 비치Antonio Beach라는 직원이 있었다. 그는 할머니 손을 잡고 아주 어린 시절 디즈니랜드를 찾았고, 10살 때부터 디즈니랜드를 꾸미고 칠하는 일을 하겠다고 마음먹었다. 22살의 나이에 디즈니에서 일하게 된 것을 그는 "경이였다. 꿈이 이루어진 것이다"라고 표현했다. 리조트 베이커리의 카를로스 시게이로스Karlos Sigueiros는 "언제나 디즈니에서 일하고 싶었다"고 말했다. 그는 대학을 졸업하고 디즈니에서 2주 동안 일할 기회를 얻었다. 2주는 여름 내내가 되었고, 결국 33년이 되었다. 그는 매년 두 딸을 디즈니랜드에 데려온다. 첫째 딸은 그가 은퇴하면 그의 자리를 물려받고 싶어 한다.

연말 서비스 매니저인 리사 보로카닉스Lisa Borokanics도 있다. 디즈니 크루즈 배를 장식하는 팀을 책임지고 있는 그녀 역시 디즈니에서 33년 동안 일한 경력을 갖고 있다. 데이브 카란치^{Dave Caranci}는 어린 시절 디즈니에 편지를 보냈다. 어떻게 하면 "이메지니어^{imagi-neer}(놀이공원 기획자)"가 될 수 있느냐고 묻는 내용이었다. 그리고 결국 그는 이메지니어가 되어 35년 동안 디즈니에서 일했다.

"팬을 고용한다." 디즈니는 이 간단한 전략을 실천에 옮길 때 얼마나 큰 성공을 거둘 수 있는지 보여주는 최고의 사례다. 당신의 브랜드를 알고, 당신이 하는 일을 좋아하고, 외부인은 포착할 수 없는 특별한 에너지를 자신의 일에 불어넣는 사람들이 있다. 일회성의 자원봉사자든, 경영진 내의 장기 유급직이든, 팬을 고용하는 것은 정말 좋은 아이디어다.

나는 페이스북 그룹 커뮤니티에서 가장 활발하게 활동하는 구성원들에게 그 커뮤니티의 관리 업무를 맡겼다. 그중 한 명이 브렌던 허포드^{Brendan Hufford}다. 그는 2년 동안 SPI 페이스북 커뮤니티 관리자였다. 그는 페이스북 그룹을 관리하고, 내가 더 큰 커뮤니티에서 어떤 일이 일어나고 있는지 파악하게 해준다. 그는 커뮤니티의 연결성을 높게 유지하는 데 도움을 준다.

브렌던은 자원봉사자로 시작했다. SPI 커뮤니티에 가진 애정과, 커뮤니티의 유대를 강화시키고 싶다는 것이 지원 계기였다. 나는 그룹 전체에 그를 관리자로 소개해서 그가 커뮤니티의 리더로 인식되도록 만들었다. 시간이 흐르고 그의 위상이 높아지자 나는 그에게 내게 묻지 말고 커뮤니티와 상황을 공유하고 결정을 내릴 수 있는 권한을 부여했다. 커뮤니티에 득이 되는 일을 스스로 판단할 수 있

는 권리를 위임한 것이다. 그런 발전 덕분에 브렌던의 위치는 자원
봉사자에서 공식 직책으로 바뀌었다.

또 다른 사례는 마이클 하얏트Michael Hyatt 팀 구성원 중 하나인 존
미즈John Meese다. 마이클은 내가 기업가의 길을 걸어오는 동안 큰 영
감을 준 뛰어난 리더십 멘토다. 존은 마이클의 블로그에 열심히 댓
글을 다는 사람이었다. 몇 년 후 그는 마이클의 "주목Get Noticed" 워드
프레스WordPress 테마의 사용 지침서를 만드는 파워 유저가 되었다.
결국 마이클은 그를 팀의 일원으로 고용했고, 존은 현재 마이클이
운영하는 회원제 커뮤니티 플랫폼 대학Platform University의 학장이다.
그는 사람들이 자신의 온라인 플랫폼을 구축하는 데 도움을 주고
있다.

너드 피트니스Nerd Fitness의 수석 트레이너인 스테이시 아디슨Staci
Ardison도 마찬가지다. 너드 피트니스는 건강 관리를 방해하는 요인들
을 극복하는 데 도움을 주는 커뮤니티이자 코칭 프로그램이다.
2010년, 스테이시는 건강 증진에 도움을 받고자 이 커뮤니티에 발
을 들였다. 이 커뮤니티가 자신과 잘 맞는다고 느낀 그녀는 2011년
너드 피트니스의 첫 번째 성공 사례가 되었고, 이후 그녀는 코칭팀
에 합류해 수석 여성 코치가 되었다.

스테이시의 시간들은 슈퍼팬의 경로를 한눈에 보여준다. 너드 피
트니스의 타깃 청중인 비정기 구성원으로 시작한 뒤, 적극적으로 활
동하는 커뮤니티 구성원이 되어 자신의 경험과 성취를 사람들과 공
유했고, 슈퍼팬이 되어 팀을 이끄는 역할을 맡았다. 마침내 그녀는

핵심 비즈니스에 큰 기여를 하는 사람으로 성장했다.

지금까지의 사례들을 듣고 고무되었는가? 그렇다면 당신은 커뮤니티에서 첫 자원봉사자를 어떻게 찾고, 첫 고용 과정을 어떻게 시작해야 할지 궁금할 것이다. 우선 하지 말아야 할 일부터 소개한다. 여러 사람을 대상으로 "우리 커뮤니티 리더가 되고 싶은 사람이 없나요?"라고 말하는 방식은 피해야 한다. 갖가지 이유로 그 자리에 관심 있는 많은 사람이 반응할 것이다. 더 체계적이고 제한적인 절차가 필요하다. 시간이 흐르면 자연스럽게 커뮤니티 내에서 두드러지는 사람들이 생긴다. 커뮤니티에 많은 기여를 하는 사람, 그룹의 일원으로서 정말 신나게 활동하는 사람, 더 큰 역할을 맡을 수 있는 능력을 스스로 보여주는 사람. 제안은 그런 사람에게 해야 한다.

후보의 범위를 줄이고 인터뷰를 시작하면, 그들이 무슨 일을 할 수 있는지, 어떤 것을 통해 당신이 커뮤니티에 더 기여하도록 만들 수 있는지에 초점을 맞추어야 한다. 이런 맥락에서는 "우리"와 같은 단어를 사용하는 것이 유용하다. 팀의 일원이 될 기회를 얻었다는 느낌을 주고, 이 사람이 기여하려는 커뮤니티에 계속 초점을 맞출 수 있기 때문이다. 그들에게 당신의 아이디어와 당신이 지금까지 해온 일에 대해 어떤 생각을 갖고 있는지 묻고, 나름의 아이디어를 갖고 있는지 확인한다. 대화의 초점은 커뮤니티와 커뮤니티 형성을 위해 당신이 제안하는 기회 범주에서 벗어나지 않도록 한다.

자원봉사자로 임명할 경우 명심해야 할 사항이 있다. 그들과 내 사이가 공정하고 균형 잡힌 관계가 되도록 주의를 기울여야 한다.

금전적 보상 없이 너무 많은 것을 요구해서는 안 된다. 그들의 작업량과 당신의 요구 사항의 적정선에 늘 신경 써야 한다. 간혹 그 사람이 일을 너무나 잘 해주어서 좀 더 공식적인 방법으로 보상을 해주고 싶을 수도 있다. 청중 가운데에서 인정해 주거나, 무료로 서비스를 제공하거나, 제품의 접근권을 제공하는 등의 방법도 있다. 물론 정식으로 채용을 하거나 계약을 맺는 방법도 있다.

하지만 아직 팬들을 봉사자나 직원으로 끌어들일 준비가 되지 않았다면 행사에서 자원봉사를 할 기회를 주는 것도 커뮤니티에 직접 참여시키는 좋은 방법이다. 흐름에 영향을 주고 행사에 참여할 기회를 주는 것은 잠재적 슈퍼팬의 내면을 자극하는 좋은 조치다. 팟캐스팅 콘퍼런스 팟페스트^{Podfest}, 팟캐스트 무브먼트^{Podcast Movement} 등 참석한 여러 행사에서 나는 자원봉사자들의 참여를 지켜봤다. 여기에 따르는 혜택은 두 가지다. 당연히 돈을 절약할 수 있다. 하지만 더 중요한 것은 브랜드를 진심으로 지지하는 사람들을 끌어들일 수 있다는 점이다. 그들은 브랜드에 관해 잘 알며, 관심 또한 크다. 그들은 그곳에 있는 사람들에게 공감할 수 있고 따라서 사람들에게 큰 관심을 갖는다. 자연히 그들은 무리의 일원이 되었다는 데에서 큰 흥분을 느낀다. 제안만 하면 기꺼이 나설 준비가 되어 있는 자원자들을 발견하게 될 것이다.

열정적인 자원자라면 좋아하는 대상의 일원이 되었다는 느낌만으로도 기뻐한다. 하지만 거기에서 더 나아가 어떤 식으로든 보상할 수 있다면 더할 나위 없이 좋다. 꼭 돈으로 보상하지 않아도 좋다.

자원자에게 다양한 방법으로 보상을 줄 수 있다. 행사 관련 무료 혹은 할인 티켓을 줄 수도 있고, VIP 특전 자격을 줄 수도 있다. 행사에서 공개적인 감사 인사를 전하는 방법도, 무대 위로 불러서 소개하는 방법도 있다.

유대 커뮤니티를 슈퍼팬으로 키우겠다는 결정을 내리고 나면, 사람들에게 팀의 일원으로, 커뮤니티의 관리인으로 봉사할 수 있는 영예와 책임을 맡기는 일이 자연스럽게 느껴진다. 팬들이 팀의 주요 구성원이 되는 것은 정말로 멋진 일이다.

다음의 이야기는 영향력, 권위, 자원을 이용해 팬들에게 그들이 다른 방법으로는 얻을 수 없을 기회를 주었을 때, 그들이 어떤 것을 만들 수 있는지, 그들이 커뮤니티를 얼마나 열성적으로 발전시킬 수 있는지 보여준다.

〈워커 스토커The Walker Stalkers〉는 TV 드라마 〈워킹 데드〉의 팟캐스트다. 〈워킹 데드〉는 좀비("워커walker"라고 알려진)가 차지한 후종말론 세상에 대한 이야기다. 이 세상에서 벌어지는 말도 안 되는 상황, 워커들뿐 아니라 아직 워커로 변하지 않은 사람들과도 맞서야 하는 여러 주인공이 중심 소재다. 정말 재미있지만 직접 찾아보는 수고로움이 귀찮은 독자들을 위해 잠깐 소개를 하자면, 워커 스토커 팟캐스트는 에릭 노드호프Eric Nordhoff와 제임스 프레지어James Frazier가 만들었다. 이 프로그램을 매우 좋아한 두 사람은 어떤 식으로든 자신들의 애정을 표현하고 싶었다. 하지만 진짜 마법은 〈워킹 데드〉의 제작진이 두 슈퍼팬에게 기꺼이 힘을 실어준 순간 시작되었다. 그 순간은 워커 스토커가 단순한 팟캐스트를 넘어 나름의 브랜드로 진화하는 순간이기도 했다.

에릭과 제임스가 팟캐스트에 처음으로 맞은 손님은 당시 〈워킹 데드〉의 특수 분장과 특수 효과를 책임졌던 그렉 니코테로 Greg Nicotero였다. 그렉과의 인터뷰는 매우 순조로웠고, 3명 모두 쉽게 공감대를 형성할 수 있었다. 에릭과 제임스는 그렉과 관계를 맺음으로써 당시 다른 〈워킹 데드〉 팟캐스트들(상당히 많은 팟캐스트가 있었다)은 갖지 못한 접근권을 얻을 수 있었다. 배우와 스탭들에게 접근할 수 있게 된 것이다. 그렉의 도움으로 이들은 배우, 스탭들과 연달아 20회의 팟캐스트 에피소드를 만들 수 있었다. 그들은 팬들이 전화로 대화에 참여할 기회도 만들었다. 제임스는 이를 "가벼운 팬 상호작용 분위기"라고 부른다. "우리는 팬들의 참여를 원했습니다." 제임스가 말한다. 이 역시 다른 〈워킹 데드〉 팟캐스트에서는 찾아볼 수 없는 것이었다.

에릭과 제임스가 그들의 팟캐스트를 〈워킹 데드〉 팬들에게 개방했다면, 그렉은 〈워킹 데드〉의 내부자들을 이들과 연결시킴으로써 두 팬에게 〈워킹 데드〉라는 브랜드에 접근할 기회를 주었다. 그렉은 이 일이 가진 잠재적 가치를 간파하고 있었던 것이다.

"그렉은 동료들 사이에서 우리의 평판을 높여주었습니다. 우리로서는 큰 은혜를 입은 것이죠." 제임스가 말했다. 특히 그렉이라는 접점을 통해서 에릭과 제임스는 프로그램의 배우 중 한 명인 멀리사 맥브라이드 Melissa McBride와 좋은 인연을 만들 수 있었다.

그렉과 멀리사의 지원 속에 에릭과 제임스는 워커 스토커 성공 스토리의 다음 단계로 향했다. 첫 번째 워커 스토커 콘Walker Stalker Con, 즉 팬 콘퍼런스를 마련한 것이다.

워커 스토커 콘은 2013년 애틀랜타에서 시작되었다. 처음에는 킥스타터Kickstarter(2009년 설립된 미국의 대표적인 크라우드 펀딩 서비스—옮긴이)의 지원을 받으려 했으나 목표 달성에 아슬아슬하게 실패했다. 하지만 결국 자금 조달에 성공했고, 콘퍼런스는 성공적으로 끝났다. 그렉과 멜리사가 수년 동안 수많은 배우들의 프로그램 참여를 도와준 덕분에, 워커 스토커 콘은 크게 성장해 엄청난 규모의 팬들을 불러 모으기에 이르렀다. 2019년에는 미국, 유럽, 오스트레일리아 11개 도시에서의 워커 스토커 콘이 잡힐 정도였다.

소규모 팬 팟캐스트였던 워커 스토커는 단 몇 년 만에 엄청나게 성공적인 일련의 세계적 연례행사로 변모했다. 에릭과 제임스가 팬들에게 마법과 같은 시간을 만들어 주길 원했고, 〈워킹 데드〉란 브랜드를 뒷받침하는 영향력 있는 사람들이 기꺼이 힘을 실어주었기 때문에 가능한 일이었다. 결과적으로 〈워킹 데드〉의 열혈 청중이었던 에릭과 제임스는 콘퍼런스와 팟캐스트를 통해 견고한 유대를 중심으로 하는 커뮤니티를 만들어 냈다. 〈워킹 데드〉는 '워커 스토커'라는 세계적인 브랜드를 자기 편으로 두게 되었다. 〈워킹 데드〉의 슈퍼팬 크기와 그들의 열의를 성장시키는 데 도움을 주는 것은 물론, 〈워킹 데드〉의 유산을 훨씬 더 풍성하게 만드는 브랜드를 말이다. 이는 좋은 판단력의 제작자가 두 명의 팬을 스태프와 출연자들에게 연결해 준 덕분이다.

SPI 팟캐스트 247회에서 에릭과 제임스의 이야기를 전부 들을 수 있다. 여기서 재미있는 사실 하나를 공개하자면, 그들은 내가 만든 '팟캐스트 제작 방법'들을 참고해 팟캐스트를 시작하게 되었다고 한다! 그들은 팟캐스트 출발에 도움을 줬다며 내게 감사 인사로 2015년 샌프란시스코 워커 스토커 콘 VIP 티켓을 선물했다. 여기서 끝이 아니다. 다음 장에 그에 대한 이야기가 한참 남아 있다. 다음 장에서는 가장 열성적인 팬들에게 당신과 당신 브랜드에 관한 특별한 접근권을 허락하는 방법을 배운다. 다른 청중에게 부러움의 대상으로 만들어 주는 방법, 진짜 VIP 경험을 선사하는 방법을 말이다.

팬들을 당신의 브랜드 관계자로 만들어 준다.

STEP 1

미리 걱정할 필요는 없다. 꼭 사람을 고용하지 않아도 된다. 다만 청중과 상호작용을 갖는 모든 장소를 생각해 보고, 가장 적극적인 사용자를 더 깊이 관여시킬 수 없는지 찾아보라. 팬들이 커뮤니티 관리자로 봉사를 할 기회는 없을까? 당신 인스타그램 피드에서 사용자가 생성한 콘텐츠를 팬이 관리할 수 있지 않을까? 브랜드의 지부장 역할을 팬이 할 수 있지 않을까?

STEP 2

이 기회를 이용해 보겠다는 판단이 섰다면, 어떤 방식으로 모집할 것인지 결정한다. 지원을 받을 예정인가? 그렇다면 누구나 지원이 가능한가? 혹은 지명할 것인가? 온라인 참여도를 기반으로 사람들을 직접 뽑을 생각인가?

STEP 3

팬들에게 권한 위임을 시작하자. 규칙과 시스템을 마련할 수도 있겠지만, 일단은 자원봉사를 하는 팬들이 자신의 일을 어떻게 받아들이고 진행하는지 지켜보는 편이 좋다. 발전 가능성 있는 아이디어나 더 다양한 피드백이 있다면, 언제든 당신에게 편하게 이야기할 수 있게 분위기를 마련하라. 혼자 해온 것 이상으로 사업을 발전시킬 수 있다.

17장
VIP라는 선물

야구. 여름. 태양. 핫도그. 파도. 좋아하는 팀을 응원하겠다는 마음 하나로 모인 수천 명의 팬들. 이들과 함께 앉아 있는 경기장. 군중들 사이에 끼어 앉아 있어도 편안하기만 하고 모든 순간이 즐겁기만 하다. 세월이 지나도 잊히지 않는 경험이다. 친구로부터 이런 문자 메시지가 오기까지는 말이다.

"너, 경기 보러 왔어?" "응! 너도?" "당연하지. 너 어디에 앉아 있어?" "103구역. 3루쪽이야. 너는?" "우린 테이블석을 구했어. 여기 너무 좋아! 음식하고 술도 준다! 명예의 전당Hall of Fame에 오른 사람 두 명이 갑자기 들러서 공에 사인을 해줬어!" 빛나는 여름날의 순간이 갑자기 김이 빠진 것처럼 느껴지기 시작한다. 여전히 좋기는 하지만… 이전만큼 좋지는 않다.

특별하고 흔치 않은 경험, 특전에 대한 접근권, 명예의 전당에 오른 선수들이 나타나는 테이블석은 슈퍼팬의 꿈을 부풀게 하는 기폭제다. 케빈 켈리가 "당신이 내놓는 것이라면 무엇이든 사들이는" 사람들이라고 표현하는 이들, 다른 청중이 부러운 눈으로 바라보는 이들을 만족시키고, 기쁘게 만들고, 그들에게 보상해 주기 위해 당신이 추가할 수 있는 특별한 단계가 바로 VIP 경험이다.

또 다른 사례도 살펴보자. 지난 10년 동안 스포티파이 Spotify는 세계에서 가장 인기 있는 음악 스트리밍 서비스로 성장했다. 그뿐 아니라 스포티파이는 다른 곳에서는 얻을 수 없는 특별한 경험을 고객에게 제공한다는 점에서 가장 혁신적인 브랜드 이미지를 구축했다. 스포티파이는 "팬 퍼스트 Fans First" 프로그램을 통해 다양한 밴드의 팬들을 확인한 뒤, 그들에게 콘서트 티켓의 사전 판매, 특가 티켓, 독점 상품을 제공하고 그들을 특별 행사에 초대한다.

스포티파이의 팬 퍼스트 팀은 아티스트들과 손을 잡고, 밴드의 슈퍼팬들을 위한 특별한 경험과 상품을 만든 뒤, 사용자 데이터를 분석해 누가 그들의 팬들인지 알아낸다. 그들은 슈퍼팬들에게 이메일을 보내 홍보에 참여할 기회를 준다. 이런 홍보 활동에는 아케이드 파이어 Arcade Fire의 뉴욕 소규모 콘서트, 가수 겸 작곡가 에드 시런 Ed Sheeran과의 베이킹, 컨트리 가수 케이시 머스그레이브스 Kacey Musgraves와의 티타임 등 아주 특별한 행사가 포함된다. 밴드의 한정판 음반을 내놓기도 한다. 앞서 이야기한 푸 파이터스는 2017년 스포티파이와 협력해 소수의 팬들에게 최신 앨범 "콘크리트 앤 골드 Concrete and

Gold"의 검은색 레코드판 버전을 전달했다.

스포티파이의 도움으로 아티스트들이 팬에게 독특한 경험을 제공했던 경우 몇 가지만 확인해 보자. 회사는 팬들이 아티스트와 가까워질 수 있는 흔치 않은 기회를 제공하는 데에서 그치지 않고, 그 놀라운 기회를 뒷받침하는 존재가 누구인지를 상기시키는 작은 요소를 가미했다. 밴드 인터폴Interpol은 멕시코시티에서 열린 2018년 새 앨범 쇼케이스에 200명의 팬들을 초대했고, 엄청난 행운을 거머쥔 200명의 팬들 목에는 "#스포티파이팬퍼스트#SportifyFansFirst"라는 프리패스권이 걸려 있었다. 또한 팬과 가수가 정말 가까이에서 소통하는 소규모 팬 퍼스트 콘서트 무대 주위에는 뒤에서는 은은하게 빛이 나오는 스포티파이 로고가 있었다. 이런 소소한 장치들을 통해 팬들은 마법과 같은 경험과 그 경험을 만든 브랜드를 연관 짓는다.

스포티파이는 좋아하는 아티스트와의 흔치 않은, 아주 긴밀한 접촉 기회를 팬들에게 주면서 이 자리를 만든 것이 누구인지 떠오르게 한다. 이런 행사에 참여한 아티스트 슈퍼팬들은 스포티파이 팬으로 유입된다. 아티스트의 팬들이 스포티파이의 슈퍼팬이 되게 만들고 있는 것이다.

이 방법은 유명 록밴드든, 음악 스트리밍 서비스든, 좀비 TV 프로그램을 기반으로 하는 팬 콘퍼런스의 크리에이터든 상관없이 누구나 적용할 수 있다. 가장 열성적인 팬들에게 잊지 못할 경험이나 행사에 대한 특별한 접근권을 주고, 누구보다 이 일에 정성을 기울여라. 충성도 강화라는 보답을 받게 될 것이다.

앞서 워커 스토커 팟캐스트와 워커 스토커 콘의 크리에이터인 에릭과 제임스의 이야기를 했다. 나는 워커 스토커 콘이 시작된 2010년 할로윈 때부터 거기에 상당한 관심을 갖고 있었다. 그러나 정말로 그 프로그램을 사랑하게 된 것은 2015년 워커 스토커 콘의 프리패스권을 받아 VIP로 워커 스토커 콘을 경험한 이후였다.

그 경험에 관해 이야기하기 전에 사전 설명을 좀 해볼까 한다. 워커 스토커 콘은 〈워킹 데드〉 팬들을 위한 대규모 행사다. 만화 행사인 코믹 콘Comic-Con과 비슷한데, 주제가 좀비다. (그렇다. 많은 사람이 좀비 코스프레를 한다.) 워커 스토커 팟캐스트의 인기가 높아지면서, 에릭과 제임스는 팬들을 한자리에 모아서 행사를 할 수 있지 않을까 생각하게 되었다. 현재 그들은 매년 전 세계에서 행사를 여러 번 주최한다. 그중 가장 규모가 큰 애틀랜타 콘은 2만 명이 넘는 팬들을 모은다. 드라마의 출연 배우들이 참석하며 거의 하나의 기업 수준으로 성장했다. 최근 〈Inc.〉지에는 이 두 사람과 자신들의 좀비 팬덤을 1,100만 달러 규모의 사업으로 만든 이야기가 실렸다. 그들의 사업은 매년 워커 스토커 유람선 여행까지 생길 정도로 엄청난 규모가 되었다. 에릭이 이 모든 일의 출발점인 워커 스토커 팟캐스트를, 내 덕분에 시작하게 되었다고 항상 이야기해 주어서 얼마나 고마운지 모른다.

2015년, 에릭과 제임스는 에이프릴과 내게 샌프란시스코에서 열리는 워커 스토커 콘의 VIP 입장권 두 장을 선물했다. 물론 우리는 이런 근사한 제안을 뿌리칠 수 없었다. 하지만 우리는 어떤 일이 생길지 짐작도 못하고 있었다. 결국 이 행사는 우리 부부가 함께한 어떤 일보다 기억에 남는 경험이 되었다.

행사장에 도착하자 행사 티셔츠를 입은 사람이 우리를 맞이했다. 놀랍게도 그는 우리 이름을 알고 있었다. 그는 긴 줄을 지나 우리를 안내해 주고 우리에게 굵은 글씨로 "플래티넘"이 적힌 큰 배지를 주었다. 우리는 여기서부터 특별 대우를 받는다고 느꼈다. 이후 그는 질의응답 행사로 우리를 안내했다. 수천 개의 의자가 놓인 큰 공간이었다. 우리는 맨 앞자리에 앉았다. 그는 배우들이 사인을 해줄 장소도 보여주었다. 각 부스마다 "플래티넘"이라고 적힌 구획이 선명하게 나뉘어 있었다. 프리패스권이 있다는 것은 줄이 아무리 길어도 항상 맨 앞에 설 수 있다는 것을 의미했다. 우리는 그날 오후 3명의 유명인과 사진 찍을 기회를 얻었다. 마지막으로 우리를 에스코트 하던 사람은 플래티넘 패스 사람들이 점심 식사를 하는 구역을 보여주었다. 유명인들이 식사를 하는 곳과 동일했다.

그 과정에서 우리는 드라마 주인공으로 분장한 일단의 사람들을 소개받았다. 그들 역시 플래티넘 패스를 가지고 있었다. 우리는 이후 그들이 대부분의 워커 스토커 콘을 따라 다니는 릴 가이즈^{Reel} ^{Guise}(페이스북에서 그들을 찾아보라)라는 여행 그룹임을 알게 되었다. 그들은 드라마 주인공들과 똑같은 분장을 하고 있었다. 심지어 목소리도 바꿔 이야기하고 있어, 실로 놀라웠다.

플래티넘 입장권이 없어도, 분명 좋은 시간을 보냈을 것이다. 하지만 솔직히 이런 특전은 근사한 기분을 선사한다. 우리는 소수에게

만 허락된 경험을 했고, 덕
분에 콘퍼런스를 한층 더
재미있게 즐길 수 있었다.
유명인들과 대화했고, 사
진을 찍었고, 왕족과 같은
대우를 받았다. 우리는 드
라마와 출연자들, 그리고
에릭과 제임스에게 홀딱
빠지게 되었다.

당연히 그 워커 스토커

콘은 우리가 참석한 마지막 워커 스토커 콘이 아니었다. 우리는 그
경험을 마음속에만 담아둘 수 없었다. 콘서트의 백스테이지를 보여
주거나 대중이 아직 알지 못하는 내부 정보를 주는 등 특별한 기회
를 준 것은, 그 사람들에게는 그것을 공유할 큰 이유를 준다. 에이프
릴과 내가 워커 스토커 콘에서 받은 특별한 대우는 유대감을 강화
했을 뿐 아니라 우리를 몹시 흥분시켜 그 경험을 널리 공유할 수밖
에 없게끔 만들었다.

당신도 알다시피, 공유는 두 가지 큰 이유에서 일어난다.

1 우리는 이야기를 전하는 일을 좋아하기 때문이다. 우리는
사람들에게 그들이 이전에 보지 못했던 것을 보여주고, 우

리가 경험한 흥분을 공유하고 싶어 한다.

② 그 전파 행위가 우리의 위상을 높이기 때문이다.

우리는 〈사이언스 채널*Science Channel*〉이 2015년 유튜브 동영상으로 공개한, 단순하지만 놀라운 실험에서 이 두 번째 이유의 확실한 증거를 발견했다.* 사이언스 채널 팀은 공용 버스 정류장의 벤치 주변에 벨벳 소재의 울타리를 두르고, 사람들에게 2달러의 "VIP 버스 정류장 경험"을 제안했다.

오래지 않아 세 사람이 다가왔고 실험자는 VIP 구역에 합류할 기회를 제안했다. 그들은 몇 초 생각하더니 이를 받아들였다. 6달러를 건네고 그들은 로프가 쳐진 벤치에 앉았다. "VIP 같은 느낌이 드시나요?" VIP 좌석을 지키는 사람이 물었다. "네. 특별하네요." 한 사람이 말했다. "예." 다른 사람도 대답했다. 이에 약간 감탄하며 첫 사람이 말을 이었다. "이거 정말 좋은 아이디어인데요?"

마지막에 실험자는 공용 벤치에 사람들을 앉힌 뒤, 2달러씩 받은 자신이 대중교통 당국에서 일하는 사람이 아니라고 밝혔다. 이 실험 대상자들은 확실함 때문이 아니라 특별함 때문에 돈을 건넸다. 다시 말해 그들이 돈을 건넨 것은 잠시 다른 사람과 "울타리로 차단되어" 있다는 느낌이 들었기 때문이었다.

이 영상에 관해 인터뷰한 임상 심리학자 리아즈 파텔*Riaz Patel*은 이

---

* youtube.com/watch?v=XS6-V33kRFQ

렇게 말한다. "사람들은 돈을 좋아하는 것만큼이나 지위를 좋아합니다. 지위가 높아질수록 인정을 많이 받게 되죠. 지위는 특별한 실제적 행위가 없어도 사람들의 인정을 얻을 수 있는 방법입니다."

고맙게도, 벤치에 앉았던 사람들은 실험임을 알고 웃음을 터뜨리며 자신들이 속았다는 사실을 받아들였다. 나는 지금 사람들에게 버스 정류장에 벨벳 로프를 두르고 그 공간을 제공해 돈을 받는 속임수를 쓰라고 제안하는 것이 아니다. 그것은 잘못된 일이다. 다만 이런 인간의 심리를 잘 이용하라는 것이다. 특별하다는 느낌, 모두에게 허용되지 않은 경험을 하고 싶은 사람들의 내적 욕구를 이용하라는 것이다.

행사를 기획할 때는 사람들이 가진 전반적인 경험을 기반으로, 눈에 보이는 실제적 가치를 더할 만한 VIP 패키지를 만들어야 한다. 그러니까 우월한 경험에 더 많은 돈을 지불하는 사람들은 당신이 준 제안의 가치를 알아보는, 슈퍼팬에 가까운 사람일 것이다. 이때 중요한 점이 하나 있다. 돈을 추가로 지불하는 사람들을 늘리는 게 목적이 아니다. 모든 사람에게 그들이 어떤 경험을 할 수 있는지 보여주기 위해서여야 한다. 즉 모두를 위해 경험을 만드는 것이다.

이런 전략은 우리가 이야기했던 라이브 행사에 적용되었을 때 가장 큰 효과를 낸다. 대규모 라이브 행사에는 많은 노력과 기획이 필요하다. 라이브 행사를 만들고 있다면 VIP를 위한 특별한 패키지를 만드는 것을 고려하자. 시간과 노력을 기울일 가치가 충분한 일이다. 다음은 행사에서 이용할 수 있는 몇 가지 아이디어다.

▷ 관계자들과 친밀한 교류를 가질 수 있는 식사

▷ 질의응답 행사에 대한 우선권

▷ 이목을 끄는 다른 참가자들과의 사진 촬영 기회

▷ 사인북과 같은 특별한 선물

사실 이 중 몇 가지는 2019년 첫 플린콘에서 VIP 참가자들에게 제공한 특전이다. 샬레인 존슨이 그녀의 마케팅 임팩트 아카데미와 스마트 석세스 서밋 행사 등을 비롯, 다른 기업의 행사에서 경험한 VIP 특전들이 본보기가 되었다. 이런 콘퍼런스에서 샬레인의 VIP 들은 행사장에 먼저 들어가고, 테이블 1열에 앉고, 샬레인과 사진을 촬영하고, 그들만을 위한 특별 파티에 참석하고, 샬레인과의 독점 질의응답 시간을 가졌다.

사실 플린콘을 기획하고 있는 동안 이런 종류의 특전을 절대 빠뜨리지 말라는 많은 사람의 조언이 있었다. 다른 사람에게는 우스꽝스러워 보일 수 있지만, 이는 슈퍼팬들과 슈퍼팬이 될 팬들이 행사에서 원하고 기대하는 종류의 경험이기 때문이다.

다행히도 이런 플래티넘 경험을 만들 때 넘어야 할 진입 장벽은 당신이 생각하는 것만큼 높지 않다. 티셔츠, 가방, 핀, 액션 피겨 같은 상품은 쉽게 만들 수 있다. 질의응답 행사에 대한 우선권, 사진 촬영권, VIP 식사권과 같은 것들을 마련하려면 약간의 준비가 필요하지만 큰 품이 드는 것은 아니다. 시간과 에너지의 가장 큰 몫은 전체 행사를 준비하는 데 쓰고, 기반이 어느 정도 마련되면 그에 특전을 추가하는 것이 좋다. 이 정도는 당신에게 큰 부담이 아닐 것이다. 하지만 기회를 받아들이는 팬들에게는 큰 의미를 가진다.

다음 행사의 VIP 패키지를 만드는 데 영감이 더 필요한가? 레고 랜드 캘리포니아 리조트^{LEGOLAND California Resort}의 두 가지 옵션을 확인 해 보라.*

얼티밋 VIP 경험	버디 VIP 경험

• 레고랜드 캘리포니아와 씨라이프 수족관 입장권 • 공원 전담 VIP 안내원 1일 이용권 • 비하인드 신 독점 • 모든 놀이기구 이용, 관람 우선권 • 공원과 레고 모델의 비밀 이야기 전격 공개 • 판매용 미니 피겨 • 레고랜드 호텔 대리 주차 • 점심 식사와 음료(주류 미포함) • 기념 사진 패키지 • 레고랜드 선물	• 레고랜드 캘리포니아 입장권 • 공원 안내 전담 VIP 안내원 (관람 시) • 모든 놀이기구 이용, 관람 우선권 • 공원과 레고 모델의 비밀 이야기 전격 공개 • 판매용 미니 피겨 • 피자와 파스타 뷔페 점심 이용권

우선권, 멋진 굿즈, 음식… 전부 실행 가능한 것들이다. VIP 경험에

---

* "VIP 경험VIP EXPERIENCES" (2019년 4월 22일), legoland.com/california/legoland-california/buy-tickets/vip-experiences.

있어서 가장 좋은 힌트를 주는 것은 "얼티밋 스타워즈 팬 페스티벌 the ultimate Star Wars fan festival"이라고도 불리는 연례 팬 모임이다. 2019 시카고 스타워즈 기념행사Star Wars Celebration의 제다이 마스터 VIP는 내가 본 가장 근사한 프리미엄 패키지였다. 이 페스티벌은 1999년부터 매년 다른 도시에서 개최되었다. 일주일간 주연 배우와 스탭들의 출연, 독점 〈스타워즈〉 코스프레 상품, 라이브 행사, 상영, 막후에서 일하는 패널, 전시, 스타워즈의 미공개 미래를 엿볼 수 있는 기회 등 다양하게 〈스타워즈〉를 경험할 수 있다.*

아래의 사진이 보여주듯이 특전에는 갖가지 근사한 항목과 체험

세부사항 **제다이 마스터 VIP 패키지**

- 독점 삽화가 그려진 제다이 마스터 VIP 배지 1개
- 공식 포스터(지통 포장) 1장
- 기념 프로그램 가이드 1권
- 의류 보관과 안내가 가능한 VIP 라운지
- 전시관 30분 조기 입장
- 공식 기념품점 30분 조기 입장(매일)
- 4월 11일 목요일 오전 11시 독점 기념품점 개인 쇼핑 경험
- 공식 기념품점 VIP 전용 계산대
- 공식 기념품점 입장 광속 레인 무제한 이용
- 사인 홀 내 6개 사인회 고속 진행(사인 가격 미포함)
- 축하무대 패널 접근 우선권
- 스타워즈 기념행사 게스트와의 개인 만남과 인사(선택)
- 2019 시카고 스타워즈 기념행사 독점 제작 사인 사진 1장
- 스탭용 기념품이자 VIP 전용인 캐릭터 핀 1개
- 제다이 마스터 VIP 독점 신분증 목걸이
- 제다이 마스터 VIP 독점 자수 패치
- 공식 기념품점 1회 10퍼센트 할인

이 들어 있다. 다시 말하지만 이들 모두가 우리가 이미 말한 범주, 즉 행사에 대한 조기 혹은 독점 입장권과 멋진 기념품에 들어간다. 〈스타워즈〉 팬이라면 누구나 황홀하게 생각할 대단히 인상적인 목록이다. 장담컨대 당신도 이런 것을 만들 수 있다.

여기에서 마지막으로 꼭 짚고 넘어가야 할 부분이 있다. VIP를 위해 일반 참석자의 경험을 희생시켜서는 안 된다. 당신이 사람들에게 제공하는 서비스는 항상 멋지고 근사해야 한다. 당신은 더 많은 대가를 지불하려는 헌신적인 팬들을 위해 더 근사한 경험을 제공하려는 것이다. VIP와 일반 참석자들 사이에 거대한 간극을 만들어 커뮤니티 구성원의 기대를 저버리는 것은 좋은 VIP 경험이라 할 수 없다. 그저 몇 가지 부분에서 VIP에게 특전과 특별한 접근권을 허용하면 된다. VIP는 다른 사람과 똑같이 맛있는 컵케이크를 즐긴다. 컵케이크 위에 체리가 하나 더 있을 뿐이다.

이 전략의 가장 큰 장점은 대규모여야만 적용할 수 있는 방법이 아니라는 것이다. 한 사람의 생일 파티에도 충분히 적용할 수 있다. 케빈 슈나이더Kevin Schneider는 발달 장애를 가진 40대의 일리노이 에번스턴 주민이다. 그는 시카고 노스웨스턴 대학 스포츠팀의 슈퍼팬이기도 하다. 2012년 당시까지 그는 노스웨스턴 대학의 스포츠 이벤트에 60회 정도 참석했다.

스포츠에 대한 애정이 넘쳐나는 그는 대학 체육부 사무실의 터줏

＊ "티켓 상세 설명Ticket Details" (2019년 4월 22일), starwarscelebration.com/About/Ticket-Details.

대감이기도 했다. 당시 노스웨스턴 대학의 체육 커뮤니케이션 부책임자였던 더그 미플리^{Doug Meffley}는 기억에 남는 모든 장면에는 케빈이 빠지지 않았다고 말한다. "어느새 케빈은 이곳의 일부가 되었습니다. 저에게 케빈이 없는 노스웨스턴이란 건 없어요."

1990년, 케빈은 노스웨스턴과 경기를 하는 모든 팀의 스케줄 카드를 모으기 시작했다. 노스웨스턴 선수단이 원정에 나설 때면 케빈은 그 지역 모든 팀의 스케줄 카드를 챙겨달라고 부탁했다. 하지만 다양한 제약과 시간적 문제 때문에, 원정 경기 중에 케빈에게 줄 카드를 모으는 것은 쉽지 않았다.

노스웨스턴 사람들은 케빈이 보내주는 성원에 보답할 길을 찾고 싶었다. 그의 스케줄 카드 수집책을 채워주는 것이 가장 좋은 방법 같았다. 마침내 2012년 케빈의 생일을 맞아 체육부의 직원 중 하나가 스케줄 카드 포 케빈^{Schedule Cards for Kevin} 캠페인을 시작하기로 결정했다. 캠페인을 지원하기 위해 미플리는 노스웨스턴 동창과 팬들에게 지역 게임의 스케줄 카드를 우편으로 보내줄 것을 독려하는 블로그 포스트를 올렸다. 예상하지 못한 뜨거운 반응이 이어졌다.

"소포와 카드들이 몇 개씩 도착하기 시작했습니다. 다른 블로그에 계속 공유가 되면서 티끌은 태산이 되었습니다." 미플리의 말이다. 이 캠페인을 통해 도착한 봉투와 소포는 약 500개였고, 그 안에는 수천 개의 스케줄 카드가 들어 있었다. 미플리와 체육부는 케빈의 36살 생일 파티를 열고 그 자리에서 카드를 선물했다. 이 팬이 수십 년간 노스웨스턴의 선수들에게 보내준 애정과 성원에 대한 완벽한 보답이었다.*

　슈퍼팬을 만들었다면 이제 그들에게 그들이 열망할 만한 VIP 경험을 선사하라. 슈퍼팬이 되고 싶은 마음이 들도록 자극을 주어라. 그들이 감탄하고 부러워하며 참석할 다음 행사를 고대하도록 말이다.

＊　thepostgame.com/blog/goodsports/201209/kevin-schneider-northwestern-wildcats-schedule-cards

연습 EXERCISE

당신만이 제공할 수 있는 VIP 경험을 만든다.

STEP 1

VIP 경험을 구상한다. 적극적인 소수에게만 감사의 마음을 전하고, 그들을 기쁘게 할 만한 것이 무엇일지 생각해 본다. 처음부터 대규모일 필요는 없다. 행사 무대가 없어도 괜찮다. VIP 경험은 대면 행사에서만 가능한 것이 아니다. 디지털 제품이나 온라인 코스를 취급하고 있는가? 그렇다면 온라인 세미나나 질의응답 이벤트 같은 방법으로 당신과 만날 수 있는 시간을 줄 수 있다. 전체 커뮤니티에 제공할 수 있으면 좋겠지만 모두에게 주기 힘든 것이 있는가? 그렇다면 대가를 지불하는 사람들만 경험할 수 있는, 혹은 대가를 지불한 것에 대한 보너스로 VIP 경험을 제공할 수 있다.

STEP 2

피드백을 받는다. 멘토나 마스터마인드, 혹은 신뢰하는 사람들에게 조언을 청한다. 청중에게도 물어보자. "주력 상품의 VIP 버전으로 이런 추가 제안을 한다면 어떨 것 같습니까?" 같이 격식 없는 간단한 질문으로도 충분히 가능하다.

STEP 3

세부 사항을 마무리 짓고, 들어온 제안이 실천 가능하도록 만든 후, 청중에게 알린다. 이런 기회는 소수의 청중에게만 줄 수도 있고, 초대한 사람들에게만 제안할 수도 있다.

　지금까지 우리는 첫 방문자에서 당신의 소식을 듣는 데 관심을 두는 활발한 구독자, 당신과 당신 브랜드를 더 가까이에서 보고 싶어하는 적극적인 커뮤니티 구성원까지 살펴봤다. 이어서 당신 브랜드와 함께 살아 숨 쉬며 커뮤니티에서 진정으로 편안함을 느끼는 헌신적인 슈퍼팬까지 슈퍼팬의 모든 단계를 살펴보았다. 그 과정에서 우리는 청중 내면의 팬심을 끌어내, 그들이 드러나도록 성장시키고 활기를 북돋우는 다양한 전략들을 알아냈다.

　이런 전략들은 경성 과학hard science(물리학, 생물학, 화학, 지구과학, 천문학 등 변하지 않는 원칙과 체계가 있는 과학-옮긴이)이 아닌 연성 과학soft science(심리학, 인류학 경제학 등 인간과 사회 현상을 포괄적, 학제적으로 연구하는 과학-옮긴이)에 근거한다는 것을 명심하라. 사회의 움직임에 따라 바뀔 수 있다. 사람들이 꼭 팬덤 피라미드를 순서대로 밟지는 않는다. 시험을 통과해야 하는 것도 아니다! 어떻게 해도 슈퍼팬으로 만들 수 없는 사람도 많다. 반면에 초기 단계에 있었으나 당신과 연결되자마자 바로 슈퍼팬으로 빠르게 도약하는 사람도 있다.

　우리가 다루어야 할 내용이 한 가지 더 있다. 슈퍼팬 구축 과정에서 사실상 가장 재미가 없는 부분이다. 하지만 지금까지 잘 따라온 사람에겐 무엇보다도 매우 중요한 부분이고, 따라서 우리가 반드시 해결해야 하는 부분이다.

이어서 슈퍼팬이 있을 경우 위험이 커지는 이유, 열성적인 청중을 만들 때 잘못될 수 있는 부분 등 슈퍼팬이 발생시키는 단점들을 살펴볼 것이다. 물론 가장 중요한 문제로, 당신을, 당신이 하는 모든 일을 사랑하는 팬을 설득시킬 때 빠질 수 있는 함정이 무엇인지 알아본다. 그리고 그 함정을 피하기 위해 필요한 건 어떤 게 있는지도 살펴보자.

4부

익숙함에 속아
소홀하지 않게

함정

우리는 지금까지 함께 긴 여정을 걸어 왔다. 그 과정에서 당신은 많은 것을 배웠다. 당신은 처음으로 당신을 발견한 비정기적 청중의 주의를 끌어 당신을 다시 찾아올 활발한 구독자로 키워내는 기술을 살펴봤다. 이어서 당신은 활발한 구독자들을 유대 커뮤니티로 이끌고, 그들의 참여와 투자를 촉진하는 경험을 만드는 방법도 배웠다. 마지막으로 유대 커뮤니티의 구성원을 맑은 날이나 궂은 날이나 당신의 옆을 지킬 열혈 슈퍼팬으로 끌어올리는 방법도 익혔다.

〈스파이더맨*Spider-Man*〉의 삼촌 벤 파커가 말했듯이, "큰 힘에는 큰 책임이 따른다". 슈퍼팬들은 우리에게 엄청난 힘을 가져다준다. 그런 힘에는 균형이 필요하다.

브랜드를 만들고, 사람들을 슈퍼팬으로 만드는 과정에서 때때로 당신은 위험한 순간을 마주할 것이다. 이때 함정에 빠진다면 그동안 쏟은 고된 노력의 결실 모두를, 혹은 일부를 잃을 수 있다. 그래서 지면과 시간을 할애해 함정들에 관해 세세히 이야기하는 것이다.

팬들이 피라미드의 맨 꼭대기에서 당신을 영원히 응원하게 만들려면 반드시 조심해야 할 가장 큰 함정들을 살펴야 한다. 이미 헌신적인 슈퍼팬을 가지고 있든 아니든, 이 부분은 반드시 읽고 늘 유념해 주길 바란다. 슈퍼팬과 당신, 모두를 위해서 말이다.

18장
슈퍼팬의 여섯 가지 그림자

헌신적인 슈퍼팬을 만들고, 그들에게 서비스하는 것 같이 가치 있는 어떤 일을 하는 데에는 분명 그에 따르는 불리함이 존재한다. 이 장에서는 슈퍼팬을 만드는 과정에서 빠질 수 있는 가장 큰 함정 여섯 가지와 이를 피하는 방법을 소개한다.

적대적 반응을 얻을 때

당신의 말과 행동을 초미의 관심사로 삼는 청중을 갖고 있을 때에는 메시지마다 주의를 기울여야 한다. 하지만 반응의 일부는 기꺼이 무시해야 한다. 두 살쯤 되었을 때 내 딸 카이는 아기 침대가 작아지자 '언니'들이 쓰는 침대를 가지고 싶어 했다. 우리는 카이의 생일에 침대를 사주기로 약속했다. 우리는 포터리반에 침대를 주문했다. 하지만 도착한 박스에는 침대의 헤드보드만 들어 있었다. 카이는 대단히 화가 났고, 우리도 마찬가지였다. 나는 트위터에 포터리반이 내 딸의 생일을 망친 사연을 한바탕 늘어놓기로 마음먹었다.

하지만 트윗을 올리자마자 사람들이 이런 댓글을 달았다. "팻, 이런 일은 누구에게나 다 일어나요. 유난 떨지 말아요." 글을 올리자마자 쏟아진 부정적인 반응은 머리에 찬물을 끼얹는 느낌이었다. 그들은 누구나 이런 일을 종종 겪는다는 것을 상기시켰다. 사람들은 침대 선물에 실망한 카이의 사연은 딱하게 여기면서도 내가 지나치게 부정적인 태도로 짜증 내고 있다는 점을 지적했다. 이런 맥락의 댓글이 12~15개쯤 달렸을 때, 나는 트윗을 지우지 않기로 결심했다. 내가 불평을 쏟아내는 옹졸한 태도를 보였다는 점을 인정했다. 고맙게도 실수를 인정하고 교훈을 얻었음을 보여준 내 태도를 높이 평가한다는 댓글이 달렸다.

실수를 하더라도 팬들을 지킬 수 있다. 핵심은 당신이 잘못을 저질렀다는 점을 인식하고 인정하는 것이다. 당신의 실책에 사람들이 부정적인 반응을 보일 경우, 우선 일의 속도를 늦추고 주의를 기울여라. 바로 반응하지 말고 상황을 차분히 살펴라. 사람들의 이야기에 귀를 기울이고 시간을 들여 세심하고 사려 깊게 대응한다. 사람들은 당신이 자신의 이야기를 진심으로 받아들인다고 생각할 것이고, 대부분은 그런 당신의 태도를 좋게 평가할 것이다.

무엇보다, 자신에게 높은 기준을 적용해야 한다. 다른 사람보다 나은 사람인 것처럼 행동하라는 의미가 아니다. 그건 안 될 말이다. 당신의 말과 행동이 눈에 띌 수밖에 없으므로 거기에 많은 주의를 기울이라는 이야기다. 모든 말과 행동이 당신이 구축한 브랜드를 대변한다는 점을 기억해야만 한다. 부정적인 상황을 극복하려면 자기 성찰과 약간의 고통이 필요할 테지만, 솔직한 태도를 유지하고 핵심 가치관을 따라 행동하기만 한다면 신뢰를 회복할 수 있다.

돈과 명성에 익숙해질 때

SPI의 최고운영책임자 맷 가틀랜드 Matt Gartland는 헌신적인 슈퍼팬이 준 명성과 환호에 익숙해졌을 때 어떤 일이 일어나는지(특히 스포츠계에 관련된) 잘 알고 있다.

맷은 피츠버그에서 자랐다. 그는 피츠버그 스틸러스 Pittsburgh Steelers의 "블랙앤골드 black-and-gold" 열성팬이다. 스틸러스는 연고지에 사는 거의 모든 사람이 소중히 여기는 존재였고, 스틸러스의 와이드 리시버 안토니오 브라운 AB, Antonio Brown은 맷에겐 "특별한 팀에 속한 특별한 선수"였다. 수년에 걸쳐 AB는 대기록을 작성하며 많은 환호를 받았고 NFL에서 슈퍼스타로 자리매김했다. 그는 팬들의 가장 많은 사랑을 받는 스타가 되었고, 맷도 그를 가장 좋아했다. 맷은 사무실에 AB의 사인이 있는 축구공을 놓아두었다. 맷은 그를 "위대함의 상징,

한 분야의 최고가 되기 위해, 특히나 다른 사람이 그의 역량을 의심하는 가운데에서도(AB가 리그에 들어갔을 때 대부분의 사람들이 그랬듯이) 최고가 되기 위해 필요한 직업윤리의 표본"으로 여겼다. AB는 피츠버그의 빛이었고, 온 도시엔 그의 슈퍼팬이 가득했다.

하지만 AB의 명성이 그와 스틸러스 사이에, 심지어 그와 그의 팬들 사이의 관계에 방해가 되면서 문제는 시작되었다. 경기장 밖에서 안토니오의 모습이 문제로 떠올랐다. 안토니오가 의무적으로 참석해야 하는 팀 회의에 습관적으로 늦는다는 보도가 나오자 긴장은 고조되었다. 폭력적인 행동과 더불어 경기 외에 벌어진 사안들이 표면으로 드러나면서 긴장은 더욱 악화되었고, 결국 AB와 쿼터백은 물론 AB와 그의 코치 사이의 알력 싸움으로까지 확대되었다.

결국 2018~2019년 시즌 말에는 이런 긴장들이 폭발하고 말았다. 안토니오는 마지막 정규시즌 게임에서 벤치를 지켜야 했고, 미디어의 포화는 오클랜드 레이더스Oakland Raiders로의 트레이드에서 절정에 이르렀다. 1년 전만 해도 안토니오는 역사상 최고의 와이드 리시버로 불리는 제리 라이스Jerry Rice의 후계자로 꼽혔다. 하지만 팀, 팬들과의 관계가 내리막을 달리기 시작했고, 맷의 이야기에 따르면 사람들은 더 이상 AB를 이야기할 때 라이스의 후계자라는 말을 사용하지 않는다고 한다. 그는 팬들의 대화가 터렐 오웬스Terrell Owens와 채드 오초싱코 존슨Chad Ocho Cinco Johnson과 같이 "그 자체로도 재능 있는 와이드 리시버이면서도, 프로 스포츠 기자나 팬들 모두 자기 본위의 까칠한 스타라기보다는 사상 최고의 충실한 챔피언이라고 평가하는 선수들" 쪽으로 옮겨갔다고 이야기한다. (아직도 맷이 엄청난 풋볼 팬임을 모르는 독자가 있을까?)

높이 올라갈수록 추락이 아픈 법이다. 맷은 그 모든 상황이 자기뿐 아니라 AB의 슈퍼팬이었던 많은 사람에게 너무나 안타깝고 수치스러운 일이었다고 말한다. 하지만 피츠버그의 모든 사람이 AB의 슈퍼팬을 그만둔 것은 아니었다. 스틸 시티의 많은 사람이 이전의 영웅에게 배신감을 느끼고 있지만, 일부 팬들은 여전히 AB의 편에 서 있다. "스틸러스와 그의 관계가 그렇듯이, 그와 팬층과의 관계에도 금이 갔습니다. 하지만 아직도 과거의 영웅 전설 속에서 빠져나오지 않고 기를 쓰고 그의 곁을 지키는 사람들도 있죠. 저를 비롯한 대부분의 사람은 아니지만요." 맷은 말한다. "대부분의 팬이 AB에게 등을 돌렸습니다. 그렇지 않은 사람이 있다면 제게 좀 알려주세요. 그들에게 팔고 싶은 사인볼이 있거든요."

물론 안토니오 브라운과 같은 슈퍼스타의 위치에 오르겠다는 사람은 드물 것이다. 하지만 당신에게도 충분히 일어날 수 있는 일이다. 활동하는 업계에서 점차 알려지기 시작하면, 나 역시도 그 유명세에 익숙해질 수 있다.

나도 그런 경험을 한 적이 있다. 과거 내게는 온라인 비즈니스계에 두 명의 친구가 있었다. 그들은 내가 스마트 패시브 인컴 블로그에 열을 올리던 비슷한 시기에 사업을 시작했다. 우리는 서로 도움을 주고받으며 새로운 세계를 호기롭게 헤쳐 나갔다. 우리는 온라인으로 많은 대화를 나누었고 몇 번은 직접 만나기도 했다. 모두 이 온라인 비즈니스에 대해 파악하려고 노력하고 있었고, 비즈니스에 관한 조언을 공유하고 의지할 수 있는 존재가 있다는 것이 너무나 좋았다. 나는 그들을 친구로 생각했다.

시간이 흐르고, 그들의 사업이 성공의 길로 접어들기 시작했다. 그들은 업계에서 명성을 얻고 돈을 벌었다. 나는 그들이 성공한 것이 무척 기뻤지만, 성공으로 달라진 그들의 모습에는 기뻐할 수 없었다. 그들은 사람들의 이목과 돈에 익숙해지기 시작했다. 그들의 행동은 이전과 달라졌다. 그들은 마치 모든 것이 본인들에게 신세를 지고 있다는 듯 자기 위주의 사고를 했다. 인간관계보다는 돈과 명성이 그들에게 더 중요한 가치라는 것이 확연히 드러나는 순간이었다.

그들은 청중과의 거래와 대화 업무를 자동화 시스템으로 전환하기 시작했다. 내 생각에는 이것이 부정적인 변화에 큰 기여를 한 것 같다. 물론 자동화 시스템 자체에는 아무런 잘못이 없다. 규모가 커졌을 때 일을 체계화하는 건 중요하다. 하지만 관계의 중요성에 관해 잊거나 돈과 특전에 지나치게 초점을 맞추면, 거기에 과도한 자동화가 더해져 당신이 청중과 유리되면, 그것은 재앙으로 이어진다.

현재 나는 그들을 더 이상 내 친구라고 생각지 않는다. 8년 가까이 그들과 이야기를 해본 적이 없다. 그들의 사업이 어떻게 되어 가는지 잘은 모르지만 그들은 이제 과거만큼 업계에서 유명하지 않다.

청중을 왜 구축했는지를 항상 기억해야 한다. 사람들에게 서비스하기 위해서다. 그 일을 하면서 많은 돈을 벌고 유명해지는 건 좋은 일이다. 청중에게 더 나은 서비스를 하기 위해서 자동화 시스템을 도입하는 것도 좋은 일이다. 단, 당신의 성공에서 가장 중요한 것은 당신이 구축한 관계라는 점을 기억해야 한다. 청중과의 의미 있는 소통과 특별한 순간을 잊어버리고 나면 당신은 사람들을 밀어낼 것이고, 결국 당신 사업은 곤란에 빠질 것이다.

적절치 못한 계획이 의도치 못한 결과를 부를 때

사업과 인생 모두에 적용되는 가르침이 있다. 의도가 항상 결과와 일치하는 것은 아니다. 행동은 때로 예상치 못한 결과를 낳거나 잘못된 길로 빠질 수 있다. 달리 표현해 적절한 기획이 없거나 상황을 제대로 파악하고 있지 못할 때(특히 마케팅에 있어서)라면, 당신이 청중에게 잘못된 메시지를 보내고 있음을 깨닫지 못할 수도 있다.

온라인 사업 초기에 나는 영업 이메일을 너무 많이 보낸 적이 있었다. 제품의 구매를 강요하려는 뜻이 아니라 홍보에 간격을 어떻게 둬야 하는지 몰랐기 때문이다. 당시엔 눈에 보이지 않으면 마음에서 멀어진다고 생각했다. 하지만 그런 의도와 달리 계속 쏟아지는 이메일들은 이를 받아보는 내 청중에게 부정적으로 소비되었다. 많은 사람이 그리 달갑지 않다는 뜻을 담아 답장을 보냈다. 일부 사람들은 내가 인터넷 마케팅의 좋지 않은 면에 빠져 행동하는 것처럼 보인다고 말할 정도였다. 사람들의 성공을 돕는 일에 충분히 주의를 기울이는 것이 아니라, 판매를 통한 보상에만 지나치게 집중한다고 말이다.

정신을 번쩍 들게 하는 일침이었다. 나는 옳은 방향으로 일을 계획하지 못했다는 것을 깨달았다. 홍보에 적당한 간격을 두지 않고 있었고, 따라서 사람들에게 강매하려는 의도가 아니었음에도 그렇게 받아들여졌다. 이런 실수를 기반으로 우리 팀은 콘텐츠 캘린더를 만들었다. 우리가 1년이라는 기간 동안 내놓는 다양한 유형의 콘텐츠를 한눈에 보고, 홍보 콘텐츠의 간격이 적절한지 판단할 수 있는 달력이었다. 이는 12개월 동안의 일정과 이와 관련된 실행 방법들이 실제 일과 청중에게 도움을 주는지 파악하기 쉽게 만들어 준다. 따라서 의도치 않은 결과라는 함정에서 당신을 구해줄 것이다.

하지만 실수를 솔직하게 지적해 내가 개선하도록 큰 영향을 준 것은 나의 팬들이었다. 그들은 내가 하는 일의 현주소를 깨닫게 해줄 만큼 나에게 관심 있는 사람들이었기 때문이다. 팬들은 자신들이 지지해 온 브랜드가 잘못된 길로 들어서는 것을 원하지 않는다. 이것이 슈퍼팬이라는 존재가 지닌 장점이다. 그들은 배가 항로를 벗어날 때 키를 잡는 것을 도와준다. 배가 향하고 있는 방향에 많은 투자를 했기 때문이다.

다른 사람의 행동이 당신에게 악영향을 줄 때

다른 사람의 실수 때문에 팬들이 당신에게 등을 돌리는 괴로운 상황이 발생할 수도 있다. 이에 대한 가장 좋은 완충재는 당신과 어울리는 사람을 신중하게 선별하는 것이다. 하지만 너무 늦은 시점까지 모를 수도 있다. 따라서 다른 사람의 행동이 당신을 끌어내리게 될 가능성에 대비해야 한다.

2010년에 나는 웹사이트를 구축하는 데 집중하고 있었다. 특정한 주제에 관한 정보를 찾는 사람들을 돕기 위해 만들어진 작은 사이트였다. 몇 개의 특정 키워드를 검색했을 때, 우리 사이트를 검색 결과 상단에 올려 상품 및 광고로 돈을 벌 수 있게 만들 계획이었다. 그해, 나는 온라인 비즈니스계에 있는 동료 기업가와 "틈새 사이트 대결"을 하기로 했다. 그는 각자 틈새 사이트를 만들어서 누가 더 성공하는지 보자는 경쟁을 제안했다.

조사를 좀 한 후에 나는 공략할 틈새(보안 요원 교육)를 선정하고 작업에 들어갔다. 진행 상황이 썩 괜찮았다! 나는 새 사이트 '시큐리티가드트레이닝HQ닷컴SecurityGuardTraining.com'을 만들고 73일 만에 "보안 요원 교육"이라는 키워드를 검색하면 구글에서 첫 번째 결과로 나오게 만들었다. 이 사이트는 지금까지도 높은 검색 순위를 유지하면서 돈을 벌어들이고 있다. 처음에는 친구와 사이트 대결을 즐겁게 하는 것이 제작의 주목적이었다. 사이트를 이용해서 누가 돈을 많이 버는지 게임을 하고 있었으니 말이다. 우리는 사이트를 어떻게 만드는지, 트래픽이 얼마나 되는지, 우리가 버는 돈이 얼마나 되는지 전체 과정을 사람들에게 투명하게 공개하자고 약속했다.

한동안은 일이 잘 진행됐다. 우리 두 사람은 사이트를 만들고 진전 상황을 모두에게 공개했다. 하지만 대결을 시작하고 몇 개월 후 친구가 동영상 하나를 포스팅했다. 그가 수치를 부풀리고 있다고 인정하는 내용이었다. 그는 모두에게 거짓말을 하고 있었던 것이다. 그는 그 문제에 대해 죄책감을 느꼈고, 사람들 앞에서 털어놓고 싶었다고 말했다. 나는 충격을 받았다. 그가 사실을 털어놓기로 결심한 것은 고마웠지만 우선 그가 그랬다는 것 자체가 내겐 놀랍고 상처가 되는 일이었다. 게다가 나도 그 문제에 끼어 있었다.

이 영상이 포스팅된 후 "어떻게 이런 사람과 결부되어 있는 것이죠? 더 이상 당신을 믿을 수 있을지 모르겠어요"라는 내용의 이메일이 속속 도착했다. 내게는 정말 힘든 시간이었다. 나는 그와 관계를 끊었고 일부 팬들을 잃었다. 이 일은 한동안 내 브랜드와, 사람들이 나를 받아들이는 데에 부정적인 영향을 주었다. 그는 청중을 모두 잃고 한참 업계에서 나와 있어야 했고, 결국 전혀 다른 업계에서 다시 일을 시작했다.

우리는 다른 사람의 행동을 제어할 수 없다. 그 행동에 대한 반응도 제어할 수 없다. 아무리 판단에 신중을 기해도, 당신이 생각했던 것과 다른 사람으로 판명날 수 있다. 인생이란 그런 것이다. 사업도 그렇다. 이런 함정을 완전히 피하는 것은 불가능하다. 하지만 가능성을 의식하는 행동 자체는 분명 도움이 될 것이다.

모든 사람에게 반응하려고 노력할 때

청중의 규모가 커지면 당신에게 접촉하는 모든 사람에게 반응할 수 없다. 당신이 아무리 원해도 말이다. 나는 이를 직접 경험했다. 사업 초기에 나는 이메일이나 소셜미디어 등으로 받은 모든 메시지에 하나하나 답할 수 있었고, 그 일을 무척 즐겼다. 하지만 사업을 구축하는 데 필요한 일이 늘어나면서 더 이상은 모든 사람에게 반응할 수 없게 되었다. 그 일을 포기하지 않으면 다른 일을 할 시간이 없었다. 아카데미를 운영할 때 이런 일이 일어났고, SPI에 집중하게 된 이후엔 상황이 더 악화되었다.

두 경우 모두 정말 힘이 들었다. 사람들을 실망시키는 것 같은 기분이었다. 이런 상황을 맞이한다면 너무 상심하지 않았으면 한다. 이것은 실패나 재앙이 아니다. 사실 청중이 늘어나고 사업이 자리를 잡는 과정에서 자연스럽게 일어나는 일이다. 현실적인 눈으로 상황을 봐야 한다. 방식은 달라졌지만 여전히 청중과 상호작용을 하고 그들의 문제를 다루고 있다는 점을 알아야 한다. 당신이 익숙해진 방법과 다를 뿐이다. 모든 이메일, 트윗, 메시지에 반응하지 못하게 된 후에도 청중과 접촉을 유지하기 위해 내가 사용했던 전략들 몇 가지를 여기에 소개한다.

▶ 일대다 대화를 진행한다. 소셜미디어, 웨비나webinar(웹Web과 세미나seminar의 합성어로 웹에서 행해지는 세미나―옮긴이), 라이브

스트리밍, 라이브 행사들의 형태를 취할 수 있다.

▷ 특정 사람이 보낸 질문을 해결하고 답을 한 뒤 모두에게 공유한다. 모두와 일대일로 대화할 수는 없지만 몇 사람과 가진 대화를 공유하는 방식을 활용해 당신이 여전히 청중과 연결되어 있으며 소통을 좋아한다는 점을 보여준다.

▷ 청중과의 소통에 도움을 줄 팀원을 고용한다. 사람들이 당신이 자신들에게 여전히 관심을 갖고 있다고 느끼게(물론 실제로도 그렇다!) 하는 데 도움이 된다. 특히 이메일과 SNS에 대해서는 조정자^{moderator}(뉴스그룹이나 메일 목록에 투고된 내용이 특정 주제에 적합한지를 판단하는 사람 − 옮긴이)나 관리자의 도움을 받는 것도 고려해 보자.

마지막 사항과 관련해 당신에게 줄 가장 중요한 조언이 있다. 팀원들이 마치 당신인 것처럼 꾸며내 행동하게 하지 말라. 당신이 팀원에게 시켰다는 점이 확연히 드러나는 순간이 생긴다. 이런 일은 청중으로 하여금 메시지 전체의 진정성을 의심하게 한다. 따라서 당신과 가치관이 맞는 적절한 사람(예를 들어 팬들)을 고용한 뒤, 당신이 원하는 방식으로 청중을 지원하고 그들과 관계를 맺도록 교육하라. 팀원은 당신의 대역이 아닌, 대리인이어야 한다.

번아웃이 왔을 때

기업가로 사는 것은 롤러코스터를 타는 것과 같다. 일이 극도의 피로와 에너지 고갈을 일으키는 원인이 되기도 한다. 팬들을 구축하고 사업을 성장시킬 새로운 기회를 만나기 시작했다면, 모든 일에 '예스'라고 답하고 싶을 것이다. 하지만 그렇게 하다가는 이러지도 저러지도 못하는 상황에 빠지게 된다. 사업을 하고 팬덤을 구축하기 위해 애를 쓰다 보면 언젠가 번아웃burn out이나, 그와 가까운 상황을 맞거나, 혹은 그렇게 된 사람을 마주하게 될 가능성이 높다. 절대 반가운 일이 아니다.

2016년 〈허핑턴포스트Huffington Post〉 설립자 아리아나 허핑턴Arianna Huffington은 〈앙트레프레너Entrepreneur〉와의 인터뷰에서 번아웃과 관련된 자신의 끔찍한 경험을 이야기했다. 2007년, 장기간의 수면 박탈 끝에 그녀는 사무실에서 쓰러졌다. 정신을 차린 그녀는 자신이 바닥에 쓰러져 있다는 것을 깨달았다. 얼굴은 피로 뒤덮여 있었고 넘어지는 과정에서 책상에 부딪혀 광대뼈가 부러졌다. "아무도 나를 쏘지 않았는데, 나는 피범벅이 되어 쓰려져 있었던 거죠." 그녀가 말했다.

허핑턴은 원인을 찾기 위해 수없이 많은 검사를 받았고, 결국 번아웃이라는 진단을 받았다. 그녀는 "정신을 차리라는 이 신호에 귀를 기울이고" 다른 어떤 일보다 수면을 우선하기 시작했다. 이전에는 4, 5시간을 자는 것이 전부였으나, 하루 8시간을 자기로 결정한 것이다. 이후 그녀는 《수면혁명The Sleep Revolution》이라는 책을 쓰고 잠의 중요성, 특히 스타트업 설립자나 기술 분야의 엔지니어 등 연료가 없는 상태로는 계속 달릴 수 없음을 깨닫지 못한 야심찬 일꾼들에게 잠의 중요성을 역설하고 있다. "그런 일이 일어난 것이 참으로 다행이라고 생각합니다. 더 심각한 문제가 될 수도 있었다고 생각하거든요." 허핑턴의 말이다.

안타깝게도 지나친 업무의 결과로 번아웃의 문제에 부딪힌 사람은 그녀뿐이 아니다. 나는 사람들 앞에서 내 친구이자 동료 기업가인 크리스 더커의 이야기를 여러 번 했다. 그는 사업을 키우면서 모든 문제를 혼자 감당하려고 애쓰다가 에너지를 전부 소진하고 10일간 병원에 입원했었다.

번아웃에 이를 정도로 에너지를 소진한 적은 없지만 나 역시 거기에 꽤 가까이 가기는 했었다. 그 절벽에서 멀어지기 위해서 해야할 일은 무엇일까? 나에게 도움이 된 방법들을 소개한다.

잠을 잔다. 잠을 통해 몸은 쉴 기회를, 머리는 정리할 기회를 얻는다. 두뇌는 수면 사이클의 여러 부분을 통해 엄청나게 활성화된다. 기억을 통합하고, 감정을 처리하고, 쓰레기를 치우는 것이다. 충분히 잠을 자지 않으면 두뇌는 적절하게 움직이지 못한다. 제 역량을 발휘하지 못한다면 한두 시간 더 일을 하는 것이 무슨 소용이 있겠는가? 잠을 더 잘 자는 방법을 배우는 데 추천할 만한 좋은 책이 한 권더 있다. 내 친구 숀 스티븐슨Shawn Stevenson의 책 《스마트 슬리핑Sleep

Smarter》이다. 나는 이 책을 통해 하룻밤 사이에 잠의 질을 바꿀 수 있었다.

혼자 다 하지 말라. 소화할 수 있는 것보다 많이 집어넣지 말라는, 내면에서 들리는 경고의 목소리를 무시하지 말자. 아리아나 허핑턴은 2016년 〈앙트레프레너〉와의 인터뷰에서 이렇게 말했다. "〈허핑턴포스트〉를 만들면서 나는 모든 것이 내게 달려 있고, 잠을 줄여서라도 내가 모든 일을 해내야 한다는 믿음에 사로잡혀 있었다."[*]사업을 키우고 슈퍼팬을 만들다 보면 일을 위임하고 도움을 청해야 하는 시점이 오게 될 것이다.

네트워크에 의지한다. 가족이어도, 친구, 팀이나 마스터마인드 그룹, 교회, 볼링팀이어도 좋다. 곧 번아웃에 이를 것 같다는 걱정이 들 때면 두려워 말고 누군가와 이야기를 나눠라. 네트워크는 당신 스스로 알아채지 못하는 번아웃의 신호를 보여주고 있을 때 그것을 알려줄 수 있는 귀중한 자원이다. 그들은 당신이 어려울 때 기댈 수 있는 어깨이며, 너무 열심히 일하느라 큰 그림을 보지 못할 때 실상을 일깨워 주는 현실 감각이다.

중요한 것에 계속 집중한다. 처음에 왜 사업을 시작했는지, 왜 청중을 구축하기로 결심했는지 기억하라. 내 경우에는 청중에게 도움을 주고, 내 가족을 먹여 살리고, 청중과 내 아이들 모두에게 모범을

---

[*] 캐서린 클리포드Catherine Clifford, "아리아나 허핑턴이 '아무도 나를 쏘지 않았는데 나는 피범벅이 되어 쓰려진' 상황을 겪은 뒤 얻은 교훈 Arianna Huffington's Dramatic Lesson After 'Coming to in a Pool of Blood and Realizing Nobody Had Shot Me'", entrepreneur.com/video/278593

보이는 것이 목표였다. 정말로 중요한 것에 계속 집중한다면 혼돈 속에서도 명확하게 상황을 파악하는 데 도움이 될 것이다. 균형감을 잃지 않는 데에는 강도 높은 업무에서 벗어나서 정신을 맑게 할 수 있는 습관이 도움이 된다. 내 경우 명상을 실천하고 있다. 야외에서 산책을 하거나 체육관에서 운동을 하는 것이 도움이 되는 사람도 있을 것이다.

청중을 만들고 슈퍼팬을 키워내면서 마주칠 함정들이 이뿐 아니다. 이보다 훨씬 많은 함정이 있다. 그러나 이들이 지난 10년 동안 내가 보고, 다루었던 가장 큰 함정들이다. 이들에 대해 의식하고 그 함정들을 피하는(혹은 최소한 그 영향을 줄이는) 방법을 안다면, 당신은 팬들과 함께 쌓은 신뢰를 유지하는 데 있어서 더 나은 위치에 서게 될 것이다.

이 장을 마치기 전에 전하고 싶은 마지막 아이디어가 있다. 그것은 변화다. 변화는 불가피하며 종종 골칫덩어리가 된다. 그러나 어쨌든 시간이 흐르면서 당신은 진화하게 될 것이다. 당신의 브랜드도 마찬가지다. 그런데 당신의 핵심 가치가 변화한다면? 당신의 팬들은 바로 알아챌 것이다. 그들은 그 변화가 당신과의 유대를 더 강하게 하는지 더 약하게 하는지 판단한다. 좋은 쪽으로의 변화를 막으라는 이야기가 아니다. 당신은 성장할 것이다. 한편으로는 당신이 아무리 잘하더라도 당신을 떠나는 팬이 생길 것이다. 그러나 변화가 가치관과 타협하고, 사람들을 당신에게 애정을 가지는 이유를 손상

시킨다면, 진정한 팬마저도 당신과 함께할 이유를 잃는다.

피라미드의 꼭대기로 향하는 길은 멀고 험하다. 팬을 얻었다고 해서 그 팬이 영원히 남는 것은 아니다. 슈퍼팬을 만드는 것은 무척 어렵지만, 잃는 것은 대단히 쉽다. 〈스파이더맨〉에 나오는, 세월이 흘러도 변치 않는 명언에 살짝 변경을 가해 보려고 한다. 큰 팬에는 큰 책임이 따른다. 다음 장에서는 모든 관심이 좋은 관심이 아닌 이유와 당신과 청중이 성장하는 동안 당신이 아끼는 사람들을 안전하게 지키는 방법에 대해 이야기하도록 하자.

19장
모두를 지키는 최소한의 약속

당신의 브랜드가 성장하고, 당신이 청중과 더 긴밀해지면 당신을 연예인처럼 생각하는 일부 팬들이 생긴다. 이 때문에 안전에 위협이 되는 요소도 생겨나고, 불가피하게 주변에 영향을 줄 수도 있다. 이러한 요소들엔 어떤 것이 있는지, 지금의 결정이 당신의 안전과 주변의 안전에 어떤 영향을 주는지 알 필요가 있다.

일부 팬들은 자신이 좋아하는 유명인과 가까워지기 위해 많은 노력을 기울인다. 물론 포털 사이트 메인에 실릴 자극적인 사진을 찍기 위해 돈을 받고 일하는 파파라치와는 다르다. 팬들은 공유하고 간직하고 싶은 순간을 원한다. 불행히도 일부 팬들은 그 선을 넘는다. 2018년 12월 책을 쓰는 현재 1,500만의 구독자를 가진 19세의 유튜버는 이 트윗 덕분에 온 세계 매체의 헤드라인을 장식했다.

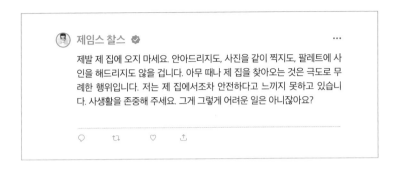

제임스는 사진을 찍거나 유튜버의 실제 모습을 볼 수 있을까 싶어 자신의 집을 찾아온 여러 팬들 때문에, 제 집에서도 안전함을 느끼지 못하고 있다는 이야기를 세상에 알렸다.

제임스뿐이 아니다. 나는 다른 인기 유튜버들이 비슷한 발언을 하는 것을 여러 번 보았다. 댄TDM이란 이름으로 더 유명한 대니얼 미들턴Daniel Middleton은 2,100만의 구독자를 보유한 영국 태생의 젊은 유튜버로, 게임 관련 영상을 주로 만든다. 내 아이들이 무척이나 좋아하는 대니얼 미들턴도 2018년 초 제임스 찰스와 비슷한 트윗을 올렸다.

> 🔘 댄TDM ✅ ⋯
>
> 여러분, 사랑해요. 하지만 저나 우리 가족들의 집에 와서 문을 두드리며 제게 나오라고 소리치지는 말아주세요. 안 나갑니다. 제 집은 제 개인적인 공간이고, 저를 만나기에 적절한 공간이 아닙니다. 이해해 주셔서 감사해요.

두 경우 모두 좋지 않은 행동이다. 제임스의 경우에 문제를 일으키는 사람은 어린 아이들 같다. 그렇다면 제임스의 집까지 아이들을 데려다 주는 부모는 뭐란 말인가? 제발, 자기 아이는 자기가 단속합시다!

겁을 먹게 하려고 이 이야기를 하는 것이 아니다. 우리가 반드시 다루어야 할 주제이기 때문이다. 대부분의 팬들은 사려가 깊고 당신의 공간이나 사생활을 존중한다. 제임스와 댄TDM의 팬들 수만 명은 자기가 좋아하는 유튜버에게 무례하게 구는 소수 팬들에게 분노를 표출했다. 이렇게 선을 넘고 생활을 힘들게 만드는, 혹은 당신을 겁먹게 만드는 이들은 극소수에 불과하다. 수백만의 구독자가 있는 것이 아니더라도, 팬을 늘리는 과정에서 안전을 확보하기 위해 적절한 예방조치를 취할 필요가 있다.

나는 이런 일의 중요성을 깨닫지 못하고 있었다. 내 팬 한 명이 내가 재택 사무실에서 찍어 인스타그램 계정에 공유한 사진들을 바탕으로 위치를 역추적해 내 집 주소를 알아내기 전까지는 말이다. 다행히도 그는 나의 안전을 염려해서 그런 일을 한 것이었고, 그런 실수에 주의를 기울이라고 당부했다. 그 직후, 나는 인스타그램 포토맵에서 사진을 촬영한 위치를 쉽게 짐작할 수 있는 모든 사진을 제거했다. 이후에 이 문제에 대해서는 더 이상 걱정할 필요가 없어졌다. 하지만 공개를 원치 않는 당신 삶의 세부적인 부분을 알아낼 수 있는 방법은 이외에도 여러 가지가 있다. 하루 빨리 다음의 정보에 귀를 기울이고 따르는 것이 좋다.

사업에서는 절대로 집주소를 사용하지 않는다

집과 사업장을 분리하는 것이 가장 좋은 방법이다. 집에서 일을 하더라도 사업장의 주소는 따로 만드는 편이 좋다. 사업을 운영하는 데 필요한 도메인 이름, 이메일 서비스 제공자, 기타 중요한 서비스에 가입을 할 때 그곳에서 주소를 요구할 것이다.

도메인 프라이버시(후이즈 프라이버시WhoIS privacy라고도 한다)를 구입하지 않는 한, 사람들이 도메인 이름을 등록할 때 사용한 주소와 기타 정보에 접근할 수 있다는 사실을 혹시 알고 있는가? whois. icann.org에서 검색만 해보면 도메인을 등록한 사람의 주소는 물론 이름과 전화번호까지 알 수 있다. 도메인 프라이버시(연 10~20달러)는 그 정보가 대중에 공개되지 않게 해준다. 현재 도메인에 집주소를 사용하고 있다면(확인해 볼 좋은 기회!) 염려하지 말라. 등록 기관을 통해 도메인 프라이버시를 구입하거나, 집이 아닌 사업장 주소를 이용하면 된다.

사업장의 우편물 발송 주소에 관해서라면 모든 사업 관련 우편물은 집 주소가 아닌 주소로 받아야 한다. 여기에서 의문이 생긴다. 그런 주소를 어떻게 구할까? 다행히도 몇 가지 옵션이 있다.

먼저 가까운 UPS 스토어를 이용한다. UPS 스토어에서는 당신에게 매장의 주소와 당신의 우편함 번호에 대응하는 번호를 준다. 내가 처음으로 집 이외에 가진 주소도 UPS 스토어였다. 나는 아직도 사업 관련해서는(특히 택배) 이 주소를 사용한다. 물건을 잘 보관해 주기 때문에 보낼 물건이 있을 때마다 찾아가서 우편물을 가져오는 식으로 편리하게 이용할 수 있다.

우편물 처리가 가능한 인근의 협업 공간을 활용하는 것도 좋다. 나는 위워크의 회원이다. 위워크는 전 세계 여러 지역에 협업 공간을 갖고 있고, 대부분이 회비에 월간 사용료를 추가하면 이용할 수 있는 우편물 처리 옵션을 갖고 있다. 가까운 곳에 우편물 처리가 가능한 협업 공간이 있는지 확인하자. 거기에 등록하면 주소를 얻을 수 있다.

가상 사무 공간을 마련한다. 이곳은 협업 공간과 비슷하지만 제공하는 편의 시설은 다르다. 대여가 가능한 회의실과 접수 담당자가 있으며, 사업용 주소를 제공하는 곳도 있다. 사업장 주소를 얻으려 하는 사람들이 가장 자주 하는 질문이 있다. "US 포스탈서비스 USPS, United States Postal Service 사서함을 사용하면 안 되나요?" 대부분은 가능하다. 하지만 미국 주정부에서는 USPS 사서함 주소를 공식적인 사업주소로 인정하지 않는다. 위의 다른 선택지 중에서 보다 공식적으로 보이는 것을 고르는 편이 낫다.

소셜미디어에서 사용할 장소 공유 규칙을 만든다

당사자 모르게 사진을 어디에서 찍었는지 쉽게 확인해 주는 인스타그램의 사진 매핑 기능은 더 걱정할 필요가 없다(기능이 사라졌다). 하지만 인스타그램은 물론이고 페이스북, 트위터, 링크드인과 같은 다른 소셜미디어 플랫폼에 공개하는 모든 포스트는 여전히 장소 공유가 가능하다.

나는 문제가 없는 경우에만 내 위치를 공유한다. 그리고 보통은 내가 그곳을 떠난 뒤에 공유하곤 한다. 일 때문에 어느 곳에 간다면, 규칙을 좀 느슨하게 적용한다. 내가 연설을 하는 콘퍼런스의 위치나 경유하는 공항 정도는 공유한다. 그러나 가족과 있을 때면, 집에 있지 않을 때에도 내 위치를 공유하지 않는다. 위치를 공유한다면 그곳을 떠난 지 한참 지난 후다.

우리는 편안함에 대해서 각자 다른 기준을 갖고 있다. 이것들은 내가 내 자신을 위해 정한 규칙이고, 당신은 자신의 사생활이나 안전에 관해 어떤 것을 편하게 여기는지 생각해야 한다. 가족이 있거나 달리 고려해야 할 사람이 있는 경우에는 특히 더 그렇다.

규칙이 복잡할 필요는 없다. 꾸준히 지키기만 하면 된다. 한 번은 친구가 나이키^{Nike} 러닝 앱을 통해 내가 운동하는 경로를 공유해 달라고 청했다. 나는 10마일에 걸쳐 조깅하는 것을 자랑스럽게 생각했다. 10마일 조깅은 철인 3종 경기를 목표로 하는 여정에서 하나의 이정표였기 때문이다. 소셜미디어에 조깅 코스를 공유하고 난 후 친구가 전화로 내가 모든 사람에게 집의 위치를 공개했다고 알려주었다. 그의 말이 옳았다. 나는 깨닫지 못하는 사이 무서운 일을 하고 있었던 것이다.

사진이나 영상으로 담지 않는 게 좋을지 확인하자

때로는 알지 못하는 사이에 사생활을 노출하는 정보가 새어 나갈 수 있다. 사진이나 영상을 촬영할 때는 사람들이 위치 추적에 이용할 수 있는 정보가 노출되지 않도록 주의를 기울여야 한다. 자동차 번호판, 전화번호, 택배에 적힌 집 주소, 집의 외관 등이 이에 속한다.

집 밖에서 드론으로 영상을 촬영한 적이 있다. 당시 아주 잠깐 동안 내 미니 밴의 번호판이 영상에 노출되었다. 그날 두 사람이 내게 이메일을 보내 그 자동차 번호판을 통해 우리집 주소를 찾을 수 있다고 알려주었다. 나는 그들이 말이 사실이라고 믿는다. 물론 그들이 이야기한 직후 나는 그 동영상을 지웠고, 별다른 문제는 발생하지 않았다. 다시 한번 내 안위에 관심을 가져준 팬들께 감사드린다. 이렇게 다른 사람에게 교훈을 전해줄 수 있다는 점에서도 감사한 마음이다.

다행히도 나는 무례한 팬이나 선을 넘는 사람을 만난 적이 없다. 다만 몇 년 전부터는 밖에서 나를 알아보는 사람들이 생기기 시작했다. 나를 알아보는 낯선 사람을 처음으로 만난 것은 트레이더 조Trader Joe(프랜차이즈 소매업체-옮긴이) 주차장에서였다. 차에 식료품을 싣고 있는데 누군가 다가와서 흥분된 목소리로 물었다. "팻 플린이죠?" "예…." 나는 긴장해서 대답했다. 이후 내 팟캐스트와 일에 관한 칭찬을 듣고서야 긴장을 풀 수 있었다.

나는 그와 악수를 나눈 뒤 차에 앉아 얼떨떨한 기분으로 '무슨 일이 일어난 거지?'하고 생각했다. 멋진 일이다. 하지만 동시에 약간 겁이 났다. 그 일로 사람들이 어디서든 나를 알아볼 수 있다는 사실을 깨달았다. 한 번의 만남에 만감이 교차했다. 헌데 나는 그 사람의 이름조차 몰랐다.

콜드스톤 크리머리 Cold Stone Creamery(아이스크림 체인점 – 옮긴이)에서의 만남은 좋은 기억으로 남아 있다. 처가 식구들과 주문한 아이스크림이 나오기를 기다리고 있을 때였다. 갑자기 한 여성이 내게 다가와서 자신이 열렬한 팬이며 내가 하는 모든 일을 좋아하고, 심지어 내가 그녀의 인생을 바꾸는 데 일조했다고 말했다. 그녀가 떠난 후 식구들의 표정을 잊을 수 없다. "저 사람은 대체 뭐야?"라는 표정과 "내 딸이 도대체 누구와 결혼을 한 거야?"라는 표정이 섞여 있었다.

행사장에서라면 나를 알아보는 사람이 꽤 많아진다. 내가 강연하는 콘퍼런스인 경우엔 많은 팬이 참석하기 때문에 쏟아지는 인사를 받지 않고서는 복도를 지나지도 못할 정도다. 물론 정말 기쁘고 반가운 일이다. 하지만 영원히 익숙해질 것 같지는 않다. 가능한 한 사람 한 사람 대화를 나누려고 항상 노력한다. 한 번은 나와 이야기를 나누려고 줄을 서서 기다리는 사람들 때문에 한 행사장에서 다섯 시간 동안 머문 적도 있다. 다 끝난 뒤에는 완전히 녹초가 됐다. 내성적인 사람인 나는 다시 에너지를 충전하기 위해 그날 밤 몇 시간 동안 호텔방에 틀어 박혀 이불을 덮고 넷플릭스 Netflix를 틀어놓은 채 힐링의 시간을 가져야 했다.

왜 이런 이야기들을 하는 것일까? 있을 수 없는 일이라고 생각하겠지만, 일어날 수 있는 일이기 때문이다. 그리고 당신이 이에 대비해 두길 바라기 때문이다. 상식적으로 생각하되, 무엇보다 관심을 즐겨라! 자랑스럽게 생각하라! 사람들이 당신을 그렇게 좋아하는 것이 이상하게 느껴지겠지만, 그들에게는 그럴 만한 이유가 있다. 그들은 당신이 그들에게 준 것, 영감, 희망, 지도, 웃음, 재미 때문에 당신을 좋아한다. 당신이 이룬 것을, 당신이 어떤 사람에게 영향을 줄 수 있다는 것을 감사하고 기쁘게 생각하라. 행사장이나 공공장소에서 누군가 내게 다가올 때마다 나는 떠올린다. 사람들이 내게 관심을 보이는 것은 내가 모두가 알 수밖에 없는 유명 인사여서가 아니다. 내 일이 사람을 돕는 일이기 때문이며, 사람들의 관심은 내 도움을 필요로 할 더 많은 사람에게 돌아갈 힘이 될 것이다.

기억하라. 성장하는 과정에서 자부심을 가지되, 현실에서 발을 떼지 말라. 그것을 당연하게 여기지 말라.

5부

당신 곁엔 늘,
슈퍼팬

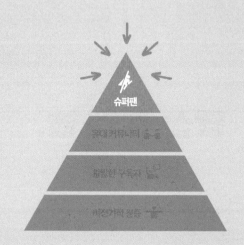

　내 슈퍼팬들은 내 인생에서 가장 어이없는(물론 긍정적인 의미로) 웃음을 짓게 만든다. 내가 《과연, 뜰까?》라는 책을 냈을 때, 톰이라는 이름의 팬은 이메일을 보내 이렇게 말했다. "팻, 새 책을 내셨다는 소식을 들었어요. 당신은 내게 큰 도움이 됐고, 전 당신의 열렬한 팬이랍니다. 새 책이 무슨 내용인지는 모르겠어요. 하지만 20권을 사서 친구들과 가족들에게 나눠주고 싶어요. 내용이 무엇이든 상관없어요. 분명히 도움이 될 거예요. 당신이 낸 책이니까요." 이 메일은 내게 큰 충격이었다. 몇몇 다른 사람들도 신용카드 정보와 함께 다음과 같은 내용의 이메일을 보냈다. "팻, 다음 상품이 나오면 사고 싶어요. 준비가 되면 바로 카드로 결제해 주시고 가능한 한 빨리 제게 보내주세요." 정말 멋지지 않은가? 카드 정보를 준 부분은 약간 위험했기 때문에 나는 다시는 그렇게 하지 말라고 충고해 주었다. 그러나 정말 으쓱해지게 만드는 메일임은 분명했다.

　2010년의 이야기다. SPI 팟캐스트를 시작하고 얼마 지나지 않은 때였다. 처음으로 내게 악플러가 생겼다. 블로그에서 입에 담기 힘든 말들을 내뱉으며 재미를 느끼는, 소위 트롤^{troll}들이었다. 슈퍼팬들이 나서서 나를 방어해 주었다. 어떤 요청도 없었는데 말이다. 많은 팬이 시간을 투자해 내게 연락을 하고 괜찮으냐는 안부를 물었다. 슈퍼팬이란 이런 것이다. 그들은 당신을 지키고 보살핀다. 그들은 당신을 낯선 타인이라고 생각지 않는다. 그들은 당신을 아는 사람이라고 생각하며, 자신이 당신 브랜드와 당신 사명의 일부라고 생각한다. 어떤 면에서는 당신을 위해 책임을 분담한다. 그들은 당신이 만든 것을 보호하고, 그것이 자신에게 도움을 준 것처럼 계속해서 다른 사람도 도울 수 있기를 바란다.

인지도가 꽤 높아진 후 콘퍼런스에 참석하자 사람들이 내게 다가와서 "팻, 당신 방송을 항상 듣고 있어요. 직접 당신을 만나게 되다니!"라고 말하곤 했다. 그런 종류의 관심이 처음에는 무척 어색했고, 사실 지금도 여전히 그렇다. 록스타도 아닌데, 라는 생각이 드는 것이다. 그렇다고 해서 감사하는 마음이 들지 않는 것은 아니다. 나를 실제로 만나는 것이 그렇게 흥분될 정도로 어떤 사람의 인생에 영향을 줄 수 있고, 그것을 확인할 수 있다는 것은 대단히 멋진 일이다. 내가 본 적도 없는 누군가가 TV에서 〈백 투 더 퓨처〉를 보고는 내가 생각났다며 트윗을 보내오는데, 어떻게 감사하지 않을 수 있겠는가!

슈퍼팬을 구축하는 것은 사업의 미래 전망을 밝게 만드는 가장 좋은 방법이다. 세상이 변화하고, 기술이 진보하고, 기업가의 길에는 기복이 있더라도 사람들에게 소중한 사람으로 대우 받았다고, 연결되어 있다고, 인정을 받았다고 느끼게 하는 특별한 순간을 만들어 주는 데 초점을 맞춘다면, 당신의 비즈니스는 결국 성공에 이르게 될 것이다.

나는 가장 오래 가는, 가장 건강한 기업은 서비스를 우선하는 기업이라고 생각한다. 돈도 물론 중요하다. 그러나 돈은 강력한 슈퍼 팬 그룹을 구축하면 저절로 따라오는 부산물이다. 수백만 달러가 있어야, 혹은 당신을 따르는 수백만의 팬이 있어야 성공적인 사업을 일구고 성공적인 삶을 영위할 수 있는 것은 아니다. 당신이 어디를 가든 뒤를 따르는 핵심적인 열혈팬 그룹만 있으면 된다.

1인 기업이나 소규모 기업을 운영하는 경우라면 1,000명의 진정한 팬이라는 숫자가 너무 부담스럽게 느껴질 것이다. 하지만 생각해 보라. 하루에 한 명씩 팬을 얻으면 3년이 못되는 기간에 1,000명이 된다. 누구든 매일 한 명의 새로운 사람에게 놀라운 경험을 선사하는 것은 불가능한 일이 아니다. 슈퍼팬을 만드는 힘은 그런 경험에 꾸준히 집중하는 일관성이다. 작은 규모를 이용해서 사람들과 진심 어린 관계를 맺고 그들에게 기억에 남는 독특한 순간을 만들어 주자. 케빈 켈리의 말처럼 꼭 엄청난 청중이 있어야만 놀라운 일을, 당신의 삶과 다른 많은 사람의 삶을 바꾸는 일을 하는 건 아니다.

사업이 조금 커진다면, 팬들에게 제공하는 경험에 대해서 좀 더 야심을 가지라고 권하고 싶다. 모임, 라이브 무대, 콘퍼런스 등 커뮤니티 형성에 도움이 될 활동과 행사를 활용해 사람들을 한데 모으고 당신 브랜드와 청중 사이는 물론, 그들끼리의 연결도 촉진하라.

사업이 더 커지면 대규모 플랫폼과 두툼해진 지갑을 이용해 더 많은 잠재 슈퍼팬에게 다가가라. 공장 문을 열고 그들에게 평생 기억에 남을 경험을 선사하라. 규모와 상관없이 팔로워를 통해 브랜드 영역 밖의 커뮤니티에 봉사하고, 슈퍼팬으로 하여금 세상에 긍정적 변화를 일으키게 할 수 있다. 제품 구매가 이루어질 때마다 전 세계에 신발이 필요한 어린이들에게 신발을 기부하는 회사 탐스 슈즈^{Toms Shoes}를 생각해 보라. 자신의 수입 일부를 사회에 환원하는 운동선수들도 있다. 펜슬즈 오브 프로미스^{Pencils of Promise}를 지원해 온 SPI도 있다. 펜슬즈 오브 프로미스는 우리의 도움으로 가나에 두 개의 학교를 지었다. SPI 커뮤니티는 그중 한 학교의 명판에까지 언급되어 있다.

슈퍼팬을 곁에 두면, 더 넓은 커뮤니티에 봉사할 수 있는 능력이 생긴다. 훨씬 더 많은 사람과 더 큰 뜻에 봉사할 수 있는 더 많은 방법, 더 많은 자원, 더 많은 에너지가 생긴다. SPI와 그 슈퍼팬들로 인해 나는, 가능하다고 생각하지도 못했던 다양한 방법으로 사회에 봉사할 수 있게 되었다.

당신의 팬들은 그들 자신보다 큰 어떤 것의 일부가 되기를, 영향력을 발휘하는 존재가 되기를 원한다. 그런 일을 촉진하고 실현시키면, 당신은 큰 변화를 만들 수 있고 그 과정에서 슈퍼팬의 유대까지 강화할 수 있다.

여기까지 책을 읽고 당신이 배운 것들을 적용해서 자신의 슈퍼팬 부대를 키울 생각에 가슴이 부풀었는가? 나는 여기에서 당신의 손을 놓지 않을 것이다. 끝까지 꼭 잘 따라와 주기를 바란다.

내 브랜드들은 청중에게 봉사함으로써, 그들이 온라인 사업을 구축하는 데 도움을 주겠다는 뜻 아래 만들어졌다. 내 사업 철학을 비롯해 내가 만드는 블로그, 팟캐스트, 강좌, 동영상을 비롯한 모든 콘텐츠는 다른 사람에 대한 봉사에 초점을 맞추고 있다. 따라서 불멸의 핵심 슈퍼팬 그룹의 지지를 받는 온라인 사업을 통해 수동 소득 창출 방법에 대해 계속 배우는 데 관심이 있는 사람이라면 누구든 내 블로그에 가서 지난 10여 년 동안 내가 만들고 수집한 자료들을 얻을 수 있다.

나는 현란한 도구나 비법, 광고비가 없어도 청중이 평생 당신과 당신 브랜드를 사랑할 수밖에 없는 특별한 순간을 만들 수 있음을 보여주고자 이 책을 썼다. 자신이나 자신의 사업에 슈퍼팬을 모을 만한 역량이 없다고 생각하는 사람도 있을 것이다. 그렇지 않다. 서비스 윤리의 인도를 받는다면 이런 종류의 추종은 분명히 손 닿는 곳에 있다. '그런 것은 내 몫이 아니다'라는 사고방식만 바꾸면 당신에게 충분히 그럴 가치와 역량이 있다는 점을 깨닫게 될 것이다. 여기에서 중요한 것은 당신이 아니라 청중이다.

이런 사고방식을 실천에 옮기면, 사람들은 당신, 당신의 메시지, 당신의 방식에 공감할 것이다. 많지 않아도 괜찮다. 모든 사람을 슈퍼팬으로 만드는 게 목적이 아니다. 모든 사람을 슈퍼팬으로 만들겠다는 마음을 먹고 있다면, 오히려 당신의 메시지와 브랜드는 희석되고 에너지는 낭비될 것이다. 하지만 책 속의 전략들을 따르며 슈퍼팬이 차별성을 만든다는 점을 깨달았다면, 당신과 연결된 사람 중 많은 이를 슈퍼팬으로 도약시켜 큰 성공을 거둘 수 있을 것이다.

슈퍼팬이야말로 당신의 정신을 고양시키는 사람이며, 당신이 콘텐츠를 만들고 제품과 서비스를 디자인할 때 제일 먼저 생각해야 할 사람들이다. 그들은 당신이 곤경에 처했을 때 도와주고, 잘못된 방향으로 갔을 때 바로잡아 줄 사람들이다. 그들이 당신 브랜드의 미래 모습을 만들어 가는 데 힘을 보탤 사람들이다.

데일 카네기는 다음과 같이 이야기했다. "다른 사람들을 위해서 사심 없이 노력하는 소수의 사람에게는 큰 혜택이 주어진다."[*] 마찬가지로 사람들에게 봉사하는 마음으로 충성스러운 슈퍼팬을 확보할 때의 장점은, 그런 엄청난 혜택 때문에 피해 보는 사람이 전혀 없다는 것이다.

그러니 이제 슈퍼팬을 만드는 일에 뛰어들자. 첫 구독자 10명의 이름을 외우고, 그들에게 가입해 주어 고맙다는 개별적인 글을 보내자. 라이브 행사를 열고 가장 적극적이며 헌신적인 청중을 등장시키자. 임의로 선정한 팬들에게 그들의 편에서는 아무것도 할 필요가 없는 선물을 선사하자. 최고의 팬들에게 기분 좋은 놀라움을 줄 수 있는 자신만의 창의적인 방법을 찾아보자.

당신의 슈퍼팬에 대한 사연이 생기면 pat@smartpassiveincome.

---

[*] 데일 카네기, 《카네기 인간관계론》

com이나 트위터, 인스타그램(@patflynn)을 통해 나에게도 알려주길 바란다. 나는 사람들이 자신의 청중에게 감동과 감격을 주기 위해, 이 책에서 내가 공유한 전략들을 따른 이야기를 듣길 좋아한다. #SuperFansBook이라는 해시태그를 꼭 사용해 업로드해 주길 부탁한다.

슈퍼팬은 여러 가지 방식으로 양성할 수 있다. 사람들에게는 슈퍼팬덤으로 가는 저마다의 길이 있다. 그러나 단 한 가지 분명한 것이 있다. 당신은 어떤 업계에 있든, 어떤 틈새에 있든, 언제 시작을 했든 관계없이 슈퍼팬을 만들 수 있다.

미래의 슈퍼팬들이 당신을 기다리고 있다. 그들을 끌어들여라.

#TeamFlynnForTheWin!

슈퍼팬

1판 1쇄 발행 2021년 4월 5일
1판 4쇄 발행 2024년 3월 20일

지은이 팻 플린
옮긴이 이영래

발행인 양원석 **책임편집** 이정미
본문디자인 김유진, 김미선 **영업마케팅** 양정길, 윤송, 김지현, 정다은

펴낸 곳 ㈜알에이치코리아
주소 서울시 금천구 가산디지털2로 53, 20층 (가산동, 한라시그마밸리)
편집문의 02-6443-8827 **도서문의** 02-6443-8800
홈페이지 http://rhk.co.kr
등록 2004년 1월 15일 제2-3726호

ISBN 978-89-255-4067-2 (03320)